국민대학교 국제교육원
Institute of International Education
Kookmin University

국민 한국어 3
별책 부록

문법, 어휘·표현
GRAMMAR, VOCABULARY

국민대학교 출판부

목차

3-1 문법

3-2 문법

3-1 어휘·표현

3-2 어휘·표현

01과 학교생활 1

문법 1 –아야/어야

의미

앞 문장의 내용이 뒤에 오는 내용의 필수적인 조건이 됨을 나타낸다.
This form expresses that the previous clause defines the necessary condition for the situation in the next clause.
表示前一句内容是后一句内容的必要条件。

형태 및 용법

	ㅏ, ㅗ + **아야**	ㅓ, ㅜ, ㅣ… + **어야**	하다 → **해야**
동사	가야	먹어야	공부해야
형용사	좋아야	예뻐야	깨끗해야
명사	**여야/이어야** 여자여야, 학생이어야		

① 미래·추측을 나타내는 '–겠–'과 결합하지 않는다.
This form does not combine with the future/conjecture suffix '–겠–'.
不能与表示将来·推测的'-겠-'结合使用。

② 뒤 문장에 명령문이나 청유문이 올 수 없다.
This form should not be followed by a clause with a command or proposal.
后一句不能有命令句或共动句。

예문

- 감기는 잘 **쉬어야** 빨리 나아요.
- 한국어능력시험에서 4급을 **따야** 대학교를 졸업할 수 있어요.
- 술, 담배를 **끊어야** 건강해져요.
- 가: 오늘 저녁에 그 유명한 식당에서 식사하는 거 어때요?
  나: 그 식당은 인기가 많아서 일주일 전에는 **예약해야** 식사할 수 있어요.

- 가: 발음을 잘하고 싶은데, 무슨 방법이 없을까요?
  나: 발음은 듣기가 중요해요. 많이 **들어야** 정확하게 따라할 수 있거든요.

문법 2 –는데도/(으)ㄴ데도

의미

어미 '–는데'와 조사 '도'가 결합한 표현으로, 앞 문장의 상황에 상관없이 뒤 문장의 동작이나 상황이 일어날 때 사용한다.
'–는데도/(으)ㄴ데도' is a combination of the form '–는데' and the suffix '도'. It expresses that regardless of the situation described in the previous clause, the following event or situation still takes place.
语尾'-는데'与助词'도'相结合而成, 表示后一句动作或情况的发生与前一句情况无关。

형태 및 용법

	현재	과거
동사	**는데도** 가는데도	**았는데도/었는데도, 했는데도** 갔는데도, 있었는데도, 운동했는데도
형용사	**(으)ㄴ데도** 예쁜데도, 많은데도	**았는데도/었는데도** 많았는데도, 적었는데도
명사	**인데도** 친구인데도, 선생님인데도	**였는데도/이었는데도** 친구였는데도, 선생님이었는데도

예문

- 오늘 비가 **오는데도** 공연을 보러 온 사람이 많네요.
- 날마다 청소를 **하는데도** 집안 여기저기에 먼지가 많다.
- 내 친구는 돈이 **많은데도** 한 번도 자랑한 적이 없어요.
- 가: 배운 단어를 자꾸 잊어버려요.
  나: 저도 그래요. 1급 때 배운 쉬운 **단어인데도** 생각이 안 날 때가 있어요.
- 가: 어제 늦게 잤어? 피곤해 보인다.
  나: 일찍 잤어. 많이 **잤는데도** 졸려.

문법 3 -(으)ㄹ걸요

의미

어떤 사실에 대해 추측할 때 사용한다. 말을 할 때 주로 사용한다.
'-(으)ㄹ걸요' is used to express the speaker's unconfirmed assumption. This is mostly used in speech.
用于对某一事实进行推测。主要用在口语中。

형태 및 용법

	현재	과거
동사	**(으)ㄹ걸요** 할걸요, 읽을걸요	**았을걸요/었을걸요, 했을걸요** 잤을걸요, 읽었을걸요, 했을걸요
형용사	**(으)ㄹ걸요** 클걸요, 작을걸요	**았을걸요/었을걸요** 작았을걸요, 컸을걸요
명사	**일걸요** 한 시일걸요, 학생일걸요	**였을걸요/이었을걸요** 한 시였을걸요, 학생이었을걸요

① 부사 '아마'와 자주 결합한다.
It is often used with '아마', 'probably'.
经常与副词'아마'结合使用。

② 문장 끝 부분에서 억양이 올라간다.
It is often said with a rising intonation at the end of the sentence.
在句子的结尾部分语调上扬。

예문

- 학생들은 아마 한 시쯤 점심을 **먹을걸요**.
- 이 음식은 아이들한테는 좀 **매울걸요**.
- 그 때가 아마 **2월이었을걸요**.
- 가: 한국은 2월에도 추울까요?
  나: 아마 그때도 좀 **추울걸요**.
- 가: 장핑 씨가 오늘 조금 늦는다고 했는데, 몇 시쯤 올까요?
  나: 아마 저녁 7시쯤 **올걸요**.

문법 4 –자마자

의미

앞 문장의 동작이 이루어진 후, 바로 이어 뒤 문장의 사건이나 동작이 일어남을 나타낼 때 사용한다.

This form is used when the speaker expresses that the following situation happens right after the previous event.

表示前面的动作完结后, 紧接着发生后面的事情或动作。

형태 및 용법

동사	자마자	가자마자, 먹자마자

① 형용사와 결합하지 않는다.
It cannot be combined with an adjective. 不能与形容词结合使用。
예 날씨가 춥자마자 코트를 입었어요. (×)

② 부정 형태와 결합하여 사용할 수 없다.
It should not be used after a negative expression.
不能与表示否定的句子结合使用。
예 밥을 먹지 않자마자 (×)

③ 과거 '–았/었–', 미래·추측의 '–겠–'과 결합하지 않는다.
It cannot be combined with the past tense suffix '–았/었–' or the future/conjecture suffix '–겠–'.
不能与表示过去的'-았/었-', 以及表示将来·推测的 '-겠-' 结合使用。
예 전화를 받았자마자 밖으로 나갔어요. (×)

예문

- 집에 **오자마자** 손발을 깨끗이 씻으세요.
- 지하철을 **타자마자** 문이 닫혔어요.
- 저는 대학교를 **졸업하자마자** 취직할 거예요.
- 가: 안녕. 잘 들어가. 집에 도착하면 연락하고.
  나: 응, **도착하자마자** 문자 메시지 보낼게. 잘 가.
- 가: 대학교에 입학하면 뭐 하고 싶어요?
  나: 저는 대학교에 **입학하자마자** 저에게 맞는 동아리부터 찾을 거예요.

문법 1 –더라고요

의미

과거에 직접 경험하여 알게 된 사실을 지금 상대방에게 전달하여 말할 때 사용한다.
This form is used when the speaker talks about something he/she learned from his/her own experience.
此刻告知对方自己过去曾亲身体验而得知的事实时使用。

형태 및 용법

	현재	과거
동사	**더라고요** 가더라고요, 먹더라고요	**았더라고요/었더라고요, 했더라고요** 끝났더라고요, 먹었더라고요, 운동했더라고요
형용사	**더라고요** 예쁘더라고요, 많더라고요	•
명사	**(이)더라고요** 의사더라고요, 학생이더라고요	•

① 형용사 다음에는 '–았/었–'을 거의 쓰지 않는다.
'–았/었–' is rarely used after an adjective. 形容词后面一般不使用'-았/었-'。
예 건물이 예뻤더라고요.(×)

② 경험한 일을 회상하여 말할 때는 1인칭 주어가 올 수 없다. 하지만 1인칭 주어를 객관적으로 말할 때는 사용할 수 있다.
The first–person pronoun cannot be used with this ending to describe a past event while the speaker is reflecting on it. However, when the speaker objectively describes himself/herself, the first–person pronoun can be used.
以回忆的方式述说自己所体验的事实时, 不能用第一人称做主语。但是, 客观地述说时, 可以使用第一人称主语。
예 제가 식당에 가더라고요. (×) 꿈속에서 제가 수영을 하고 있더라고요. (○)

예문

• 바다가 **아름답더라고요.**

- 그 사람이 한국말을 참 **잘하더라고요**.
- 룸메이트는 벌써 저녁을 **먹었더라고요**.
- 가: 어제 간 식당이 어땠어요?
  나: 음식이 참 **맛있더라고요**.
- 가: 왜 벌써 왔어요?
  나: 도서관이 문을 **닫았더라고요**.

문법 2 –고서

의미

앞의 행동이 일어난 다음에 뒤의 행동이 일어날 때 사용한다. 앞 문장이 뒤 문장의 원인이나 이유가 되는 경우도 있다.
This form is used to indicate that the following action happens after the previous action took place. There are cases where the previous clause describes the cause or reason for the following clause.
表示前面的行为发生之后接着发生后面的行为。有时候, 前面的句子可以成为后面句子的 原因或理由。

형태 및 용법

동사	고서	하고서, 먹고서

- '–았/었–', '–겠–'과 결합하지 않는다.
  It cannot be combined with '–았/었–' or '–겠–'.
  不能与 '–았/었–', '–겠–'结合使用。

예문

- 지훈 씨는 매일 아침 운동을 **하고서** 출근한다.
- 비를 **맞고서** 감기에 걸렸어요.
- 상한 음식을 **먹고서** 배탈이 났어요.
- 가: 퇴근 안 하세요?
  나: 이 일을 다 **끝내고서** 하려고요.
- 가: 지영 씨는 **결혼하고서** 성격이 많이 바뀌었네요.
  나: 맞아요. 결혼 전에는 조용한 편이었는데 많이 활발해졌지요.

문법 3 -(으)ㄹ까 하다

의미

어떤 행위에 대해 확실하게 결정한 것은 아니지만 말하는 사람이 그 행위를 할 생각이 있음을 나타낸다.
This form is used when the speaker talks about his/her intention of doing a certain action, even though he/she has not decided whether or not he/she will in fact do it.
表示说话人虽然没有很确定但是打算要去做某一行为。

형태 및 용법

	받침 ×, 'ㄹ' 받침	받침 ○
동사	ㄹ까 하다 갈까 하다, 만들까 하다	을까 하다 먹을까 하다

예문

- 고향에서 부모님이 오시는데, 명동에 있는 호텔을 **예약할까 해요**.
- 나는 결혼하면 아이를 셋 정도 **낳을까 한다**.
- 새로 생긴 레스토랑에 가 **볼까 하는데** 같이 갈래?
- 가: 주말에 무슨 계획 있어요?
  나: 그냥 집에서 **쉴까 해요**.
- 가: 지난 주말에 여행을 **갈까 했는데** 일이 많아서 시간을 못 냈어요.
  나: 그럼 이번 주말에 같이 가요.

문법 4 -는 대신에

의미

앞에 오는 행동을 하지 않고 다른 행동으로 대체할 때 사용한다.
This form is used to express that the subject of the sentence is not going to do the preceding action, but do another action instead.
表示不进行前面所提的行为, 而选择另一行为来代替。

형태 및 용법

동사	는 대신에	하는 대신에, 먹는 대신에

① '-는 대신에' 앞과 뒤 문장에는 동일한 주어가 나오며, '에'는 생략하여 사용할 수 있다.
The clause preceding and following '-는 대신에' must have the same subject. '에' can be omitted. 后句子的主语是相同的, 可省略'에'。

② '명사+대신에'의 구성으로도 사용된다.
"Noun+대신에" is also used. 也可使用'명사+대신에'的句型。
예 커피를 마시는 대신에 주스를 마실게요.
커피 대신에 주스를 마실게요.

③ 형용사와 결합하지 않는다.
'-는 대신에' cannot be combined with adjectives. 不能与形容词结合使用。

④ 과거 '-았/었-', 미래·추측의 '-겠-'과 결합하지 않는다.
'-는 대신에' cannot be combined with the past tense suffix '-았/었-' or future /conjecture suffix '-겠-'.
不能和表示过去的'-았/었-', 以及表示将来·推测的 '-겠-' 结合使用。

예문

- 신문이 없어서 신문을 **읽는 대신에** 잡지를 읽었어요.
- 사람이 많을 것 같아서 도서관에 **가는 대신에** 집에서 공부했어요.
- 친구에게 말로 **사과하는 대신에** 편지를 썼어요.
- 가: 조금 전에 커피를 마셨어요.
  나: 그럼 **커피 대신** 주스를 드세요.
- 가: 모자는 샀어요?
  나: 아니요, 너무 비싸서 **사는 대신에** 구경만 하고 왔어요.

03과 집

문법 1 -아/어 가지고[1]

의미

앞 문장의 행위나 상태가 뒤 문장의 행위나 상태의 원인, 이유가 됨을 나타낸다.

This form is used to express that the action or state described in the previous clause is the cause or reason for the following clause.
表示前面所指的行为或状态成为后面行为或状态的原因和理由。

형태 및 용법

	ㅏ, ㅗ + **아 가지고**	ㅓ, ㅜ, ㅣ… + **어 가지고**	하다 → **해 가지고**
동사	살아 가지고	먹어 가지고	요리해 가지고
형용사	많아 가지고	커 가지고	조용해 가지고
명사	**여/이어 가지고** 여자여 가지고, 학생이어 가지고		

① 과거 '-았/었-', 미래·추측의 '-겠-'과 결합하지 않는다.
This form cannot be combined with the past tense suffix '-았/었-' or future /conjecture suffix '-겠-'.
不能和表示过去的'-았/었-', 以及表示将来·推测的 '-겠-' 结合使用。

② 뒤 문장에 명령문이나 청유문이 올 수 없다.
This form should not be followed by a clause with a command or proposal.
后一句不能使用命令句或共动句。

③ '-아/어 갖고'로 줄일 수 있으며 주로 편하게 말할 때 사용한다.
This form can be shortened into '-아/어 갖고', which is used in colloquial speech.
可简略成'-아/어 갖고'的形式, 在随意的场合使用, 主要用在口语中。

예문

- 집이 너무 **추워 가지고** 감기에 걸렸어요.
- 친구들과 정이 많이 **들어 가지고** 고향에 돌아가기 싫어요.
- 가방이 너무 **비싸 갖고** 못 샀어요.
- 가: 피곤해요? 안색이 안 좋네요.
  나: 어제 잠을 못 **자 가지고** 좀 피곤해요.
- 가: 미나 씨, 거기서 뭐 해요?
  나: 고양이가 너무 **귀여워 가지고** 사진 좀 찍으려고요.

문법 2 만 못하다

의미

비교 대상이 '만 못하다'의 바로 앞에 쓰인 것의 정도나 수준에 미치지 못함을 나타낸다.
This form is used to express that the subject is not as good as what was mentioned right before '만 못하다'.
表示事物的程度或水平不如'만 못하다'前面所提示的比较对象。

형태 및 용법

명사	만 못하다	우리 집만 못하다

- 동사에 '-는 것'을 붙여 명사형으로 만든 뒤 결합할 수 있다.
  A verb can be combined with '만 못하다' with its '-는 것' form.
  动词后面接'-는 것', 使之变为名词之后可与'만 못하다'结合使用。
  예 백 번 듣는 것이 한 번 보는 것만 못하다.

예문

- 호텔이 아무리 좋아도 우리 **집만 못해요.**
- 한국어 실력이 영어 **실력만 못해요.**
- 연휴 때는 도로가 복잡해서 차로 가는 것이 기차로 **가는 것만 못할 거예요.**
- 가: 그 소설을 영화로 만들었지요? 재미있어요?
  나: 나쁘지 않지만 영화가 소설**만 못해요.**
- 가: 이리나 씨, 한국어 발음이 정말 좋아요.
  나: 고마워요. 하지만 제 발음이 **왕설 씨만 못한 것 같은데요.**

문법 3 -잖아요

의미

말하는 사람이 어떤 상황이나 정보를 상대방에게 확인시키거나 상대방이 잘 기억하지 못하는 것을 알려 주듯이 말할 때 사용한다.
'-잖아요' is used when the speaker is confirming a certain situation or information with the listener. It is also used when the speaker is reminding the

listener about something the listener does not seem to remember well.
用于说话人使对方确认某一情况或某一信息，或如述说一般向对方告知对方记忆模糊的事情。

형태 및 용법

	현재	과거
동사	**잖아요** 가잖아요, 먹잖아요	**았잖아요/었잖아요, 했잖아요** 갔잖아요, 먹었잖아요, 운동했잖아요
형용사	**잖아요** 예쁘잖아요, 많잖아요	**았잖아요/었잖아요** 많았잖아요, 적었잖아요
명사	**(이)잖아요** 모자잖아요, 학생이잖아요	**였잖아요/이었잖아요** 모자였잖아요, 학생이었잖아요

① 말할 때 사용하며 일반적으로 친한 사람이나 아랫사람에게 쓴다.
It is mostly used in speech, between people who have a very close relationship or to a socially lower person.
是口语，一般用在关系亲密者或者晚辈。

② 미래·추측 '–겠–'은 '–잖아요'와 결합하지 않는다.
It is not used with the future/conjecture suffix '–겠–'.
表示将来或推测的'–겠–'不能与 '–잖아요'结合使用。
㉠ 내일 눈이 오겠잖아요. (×)

③ '–잖아요'는 격식체 '–잖습니다'로 사용하지 않는다.
It cannot be used in the formal style '–잖습니다'.
'–잖아요'不能转化使用为格式体'–잖습니다'。
예 마키 씨는 일본 사람이잖아요. (○)　마키 씨는 일본 사람이잖습니다. (×)

예문

- 가: 요즘은 그 가수가 제일 인기가 많은 것 같아요.
  나: 노래도 잘 부르고 춤도 잘 **추잖아요**. 너무 멋있어요.
- 가: 오늘 복습 시험을 보지요?
  나: 복습 시험은 **내일이잖아요**.
- 가: 도서관에 책을 빌리러 갔는데 사람이 별로 없더라고요.
  나: 지난주에 대학교 시험이 **끝났잖아요**.

문법 4 –(으)며

의미

두 가지 이상의 동작이나 상태를 나열할 때 사용한다. '–고'와 큰 의미 차이 없이 바꿔 쓸 수 있으나 주로 글을 쓸 때 많이 사용한다.
'–(으)며' is used to enumerate two or more actions or states. It is interchangeable with '–고', but mostly used in writing.
罗列两种以上的动作或状态时使用。同'–고'语义基本相同，可替换使用，但–(으)며多用于书面语。

형태 및 용법

	받침 ×, 'ㄹ' 받침	받침 ○	과거
동사	**며** 오며	**으며** 찾으며	**았으며/었으며, 했으며** 좋았으며, 먹었으며, 운동했으며
형용사	**며** 크며	**으며** 많으며	**았으며/었으며** 많았으며, 예뻤으며
명사	**(이)며** 친구(이)며, 학생이며		**였으며/이었으며** 친구였으며, 학생이었으며

예문

- 그 학생은 발음이 **좋으며** 억양도 자연스럽다.
- 한국의 전통 집은 한옥이라고 **부르며** 전통 옷은 한복이라고 부른다.
- 자기소개서를 쓸 때는 자신이 어떻게 **성장했으며** 앞으로의 꿈은 무엇인지 쓰면 좋다.
- 이번 축제에는 행사가 많다. 월요일에는 말하기 대회가 열리고 수요일에는 외국인 유학생 바비큐 파티가 **있으며** 금요일에는 춤 동아리 공연이 있다.

04과 문제 해결

문법 1 피동[1] (–이–, –히–, –리–, –기–)

의미

어떠한 행위가 외부에 의해 일어나거나 저절로 그러한 상태가 되었음을 표현할 때 나타낸다.

These suffixes are used to express that something happens or has already happened, caused by an external factor or by itself.
表示某一行为起因于外部原因或者自然而然成为那一状态。

형태 및 용법

-이-		-히-		-리-		-기-	
동사	피동사	동사	피동사	동사	피동사	동사	피동사
보다	보이다	닫다	닫히다	물다	물리다	끊다	끊기다
쌓다	쌓이다	잡다	잡히다	팔다	팔리다	안다	안기다
놓다	놓이다	찍다	찍히다	열다	열리다	쫓다	쫓기다
잠그다	잠기다			걸다	걸리다		
바꾸다	바뀌다			듣다	들리다		

유형 1) A이/가 피동사: 보이다, 들리다, 열리다, 팔리다, 닫히다, 끊기다

㉄ 나무가 보여요.

유형 2) A이/가 B에게 피동사: 잡히다, 물리다, 쫓기다, 안기다

㉄ 도둑이 경찰에게 잡혔어요.

예문

- 음악 소리가 **들려요.**
- 창문 밖에 나무가 **보여요.**
- 우리 건물 문은 9시에 **닫혀요.**
- 가: 왜 교실에 안 들어가고 있어요?
  나: 문이 안 **열려요. 잠겼**나 봐요.
- 가: 핸드폰에 어떤 문제가 있습니까?
  나: 전화가 자꾸 **끊기고** 소리가 잘 안 **들려요.**

문법 2 피동[2] (-아지다/어지다)

의미

어떤 행위가 외부의 원인에 의해 일어나게 되거나 저절로 그러한 상태가 되었음을 표현할 때 사용한다.

This ending is used to express that something happens or has already happened,

caused by an external factor or by itself.
用于某一行为起因于外部原因或者自然而然成为那一状态。

형태 및 용법

	ㅏ, ㅗ + 아지다	ㅓ, ㅜ, ㅣ… + 어지다	하다 → 해지다
동사	쏟아지다	찢어지다	정해지다

① 주로 '명사 + 이/가 -아지다/어지다'의 구성으로 쓴다.
It is mostly used with the following structure: 'Noun + 이/가 -아지다/어지다'.
多以 '名词 + 이/가 -아지다/어지다'的句型使用。

② '-아지다/어지다' 뒤에 과거 '-았/었-'과 미래·추측의 '-겠-'이 결합할 수 있다.
'-아지다/어지다' can be followed by the past tense suffix '-았/었-' or future/conjecture suffix '-겠-'.
'-아지다/어지다'后面可使用表示过去的'-았/었-'和表示将来·推测的 '-겠-'。

예문

- 창문이 **깨졌어요**.
- 종이가 **찢어질** 수 있으니 조심하세요.
- 음료수가 다 **쏟아졌어요**.
- 가: 핸드폰이 고장 났어요?
  나: 네, 어제부터 자꾸 전화가 **끊어지고** 버튼도 안 **눌러져요**.
- 가: 옷에 얼룩이 안 **지워져요**.
  나: 그럼 세탁소에 맡기세요.

문법 3 (이)라서

의미

명사 뒤에 붙어서 앞 문장의 내용이 뒤 상황에 대하여 이유나 근거가 됨을 나타낸다. '여서/이어서'와 비슷한 의미로 쓰이나 '여서/이어서'에 비해 친숙하고 일상적인 상황에 자주 쓴다.
Attached after a noun, (이)라서 expresses that the preceding clause is the reason or basis for the next or following situation. It is used in friendly and common situations, while its meaning is similar to '여서/이어서'.

附在名词后面表示前一句的内容成为后一句的理由或根据。同'-여서/이어서'语义相似，但比起'-여서/이어서'多用于更熟悉更日常的情况。

형태 및 용법

	받침 ×	받침 ○
명사	**라서** 남자라서	**이라서** 휴일이라서

예문

- 오늘은 **공휴일이라서** 학교에 안 갔어요.
- 제가 이 일은 **처음이라서** 아무것도 몰라요.
- 마이클 씨는 **학생이 아니라서** 방학이 없어요.
- 가: 왜 영어로 이야기했어요?
  나: 그 사람은 **미국 사람이라서** 한국어를 잘 못해요.
- 가: 주말에 같이 영화 보러 갈래요?
  나: 미안해요. **시험 기간이라서** 시간을 내기가 조금 힘들 것 같아요.

문법 4 -아/어 있다

의미

어떤 행동이 끝난 뒤 그 결과나 상태가 계속 지속됨을 나타낸다.
'-아/어 있다' expresses that the result of an action is still happening/continuing.
表示某一行为完结后，其结果或状态持续下去。

형태 및 용법

	ㅏ, ㅗ + **아 있다**	ㅓ, ㅜ, ㅣ… + **어 있다**	하다 → **해 있다**
동사	앉아 있다	붙어 있다	입원해 있다

① 동사 중에 일부 자동사, '-아지다/어지다' 형태의 피동사와 결합한다.
It is combined with some intransitive verbs (verbs that do not require objects) or passive verbs using '-아지다/어지다'.

与部分自动词以及'-아지다/어지다'形态的被动词结合使用。

② 형용사나 타동사와 결합하지 않는다.
This form cannot be combined with an adjective or a transitive verb (i.e. verb that requires an object).
不能与形容词或及物动词结合使用。
㊞ 철수가 멋있어 있다. (×), 저는 밥을 먹어 있습니다. (×)

③ '-아/어 있다' 뒤에 과거 '-았/었-'과 미래·추측의 '-겠-'이 결합할 수 있다.
The past tense suffix '-았/었-' or future/conjecture suffix '-겠-' can be combined with '-아/어 있다'.
'-아/어 있다' 后面可以与表示过去的'-았/었-' 以及表示将来·推测的 '-겠-'结合使用。

예문

- 수지 씨 가방에 책과 지갑이 **들어 있어요.**
- 저는 앉아 있고 친구는 **서 있어요.**
- 텔레비전이 **켜져 있어요.**
- 가: 박물관 구경은 잘 했어요?
  나: 아니요, 문이 **닫혀 있어서** 못 했어요.
- 가: 엄마, 제 모자 어디 있어요?
  나: 옷걸이에 **걸려 있어.**

05과 여가

문법 1 -(으)ㄹ 만하다

의미

동사와 결합하여 어떤 것이 그렇게 할 가치가 있음을 나타낸다.
-(으)ㄹ 만하다 expresses that a certain action is worth being done.
与动词结合, 表示某一事物值得去做。

형태 및 용법

	받침 ×, 'ㄹ' 받침	받침 ○
동사	ㄹ 만하다 볼 만하다, 살 만하다	을 만하다 먹을 만하다, 들을 만하다

예문

- 그 식당은 평양냉면이 **먹을 만해요**.
- **입을 만한** 옷이 있으면 가지고 가도 돼.
- 그 공연은 한번 **볼 만해요**.
- 가: 오늘 본 영화가 어땠어요?
  나: 정말 **볼 만했어요**. 배우들이 연기를 진짜 잘하더라고요.
- 가: 토픽 공부를 혼자 하니까 좀 어려워요.
  나: 우리 학교에서 하는 토픽 강의가 **들을 만해요**. 신청해 보세요.

문법 2 –던데

의미

말하는 사람이 과거에 관찰하거나 경험한 사실을 말할 때 사용한다. '–던데'의 뒤 문장에는 어떤 일을 설명하거나 묻거나 제안하는 내용이 자주 온다. 주로 말할 때 사용한다.

This form is used when the speaker talks about what he/she experienced or observed in the past. It is mostly followed by an explanation, question or suggestion. It is mostly used in speech.

表示说话人陈述自己曾经体验过或者观察过的事实,主要用在口语中, '–던데'的后一句多表示说明,询问或建议某一事情。

형태 및 용법

	과거	과거 완료
동사	**던데** 가던데, 먹던데	**았던데/었던데, 했던데** 닫았던데, 먹었던데, 운동했던데
형용사	**던데** 예쁘던데, 맛있던데	•
명사	**(이)던데** 의사던데, 수업 중이던데	•

- 1인칭 주어는 잘 쓰이지 않으나 형용사와 결합하는 경우에 간혹 쓰이기도 한다.
  This form is not often used with the first-person subject, except sometimes with an adjective.
  不常使用第一人称主语, 但是与形容词结合时, 偶尔会使用第一人称主语。

예 나는 그 집 음식이 맛이 없던데 아이들은 좋아해요.

예문

- 그 사람 괜찮아 **보이던데** 한번 만나 봐라.
- 그 집 설렁탕이 진짜 **맛있던데** 한번 먹어 봐.
- 그 근처에 있는 섬이 관광지로 유명하다고 **하던데** 가 보셨어요?
- 가: 제주도로 여행을 가려고요.
  나: 한라산이 정말 **아름답던데** 꼭 한번 가 보세요.
- 가: 이 책 재미있을까?
  나: 나는 별로 **재미없던데** 다른 걸 보지 그래?

문법 3 -ㄴ다면서요/는다면서요?

의미

다른 사람에게 들은 내용을 상대방에게 확인하여 물어볼 때 사용한다.
This form is used to check a certain fact the speaker heards from another person.
用于以疑问的方式向对方确认自己听到的事情。

형태 및 용법

	현재	과거	미래·추측
동사	**ㄴ다면서요/는다면서요?** 간다면서요? 입는다면서요?	**았다면서요/었다면서요?** 갔다면서요? 입었다면서요?	**(으)ㄹ 거라면서요?** 갈 거라면서요? 입을 거라면서요?
형용사	**다면서요?** 예쁘다면서요? 작다면서요?	**았다면서요/었다면서요?** 예뻤다면서요? 작았다면서요?	**(으)ㄹ 거라면서요?** 예쁠 거라면서요? 작을 거라면서요?
명사	**(이)라면서요?** 의사라면서요? 학생이라면서요?	**였다면서요/이었다면서요?** 의사였다면서요? 학생이었다면서요?	**일 거라면서요?** 의사일 거라면서요? 학생일 거라면서요?

예문

- 방학에 고향에 **간다면서요?**

- 베트남은 과일 값이 **싸다면서요?**
- 선생님 고향이 **부산이라면서요?**
- 가: 내일 오리엔테이션이 **있다면서요?** 몇 시예요?
  나: 오후 한 시 반에 있어요. 같이 가요.
- 가: 어제가 **생일이었다면서요?** 축하해요.
  나: 고마워요.

문법 4 –았던/었던

의미

동사나 형용사와 결합하여 뒤에 나오는 명사를 수식한다. 과거에 일회적으로 경험했거나 완료된 일을 회상함을 나타낸다.
Combined with a verb or an adjective, this form is used to modify the following noun. It is used when the speaker recalls something he/she experienced once or an event that has finished.
与动词或形容词相结合,以此修饰后面的名词。表示回忆曾经体验过一次或者已经完结的事情。

형태 및 용법

	ㅏ, ㅗ + **았던**	ㅓ, ㅜ, ㅣ… + **었던**	하다 → **했던**
동사	갔던	마셨던	공부했던
형용사	작았던	예뻤던	편리했던
명사	**였던/이었던** 의사였던, 학생이었던		

예문

- 어릴 때 옆집에 **살았던** 친구를 한국에서 만났다.
- 고등학교 때는 키가 **작았던** 동생이 지금은 나보다 훨씬 더 커졌다.
- 2년 전에 **고등학생이었던** 내 친구가 벌써 결혼을 했다.
- 가: 그 하얀 드레스는 누구 거예요?
  나: 엄마가 결혼식 파티에서 **입었던** 드레스라고 하셨어요.
- 가: 이번 휴가는 어디로 갈까?
  나: 작년에 **갔던** 해변 캠핑장이 좋았잖아. 거기로 가자.

06과 건강

문법 1 -았더니/었더니

의미

과거에 경험하거나 관찰한 사실에 대한 반응이나 그 결과를 이야기할 때 사용한다.
This form is used when the speaker talks about the result of a fact that he/she experienced or observed in the past.
用于谈论自己曾经体验过或观察某事情后的反应或者结果。

형태 및 용법

	ㅏ, ㅗ + **았더니**	ㅓ, ㅜ, ㅣ… + **었더니**	하다 → **했더니**
동사	갔더니	먹었더니	청소했더니

① 앞 문장의 주어와 뒤 문장의 주어가 다르며, 앞 문장에는 주로 1인칭 주어가 나타난다.
The subjects of the first and the second clause are different. The subject of the first clause is usually the speaker.
前一句与后一句的主语不同, 一般来讲, 前一句的主语主要是第一人称。

② 뒤 문장에 미래 시제가 올 수 없다.
This form should not be followed by a future tense clause.
后一句不能使用将来时。
예 선생님이 교실에 들어왔더니 학생들이 자리에 앉을 거예요. (×)

예문

- 밤새도록 책을 **읽었더니** 눈이 아파요.
- 스트레칭을 **했더니** 어깨가 덜 아파요.
- 옷을 물에 **빨았더니** 줄어들었어요.
- 가: 왜 그렇게 피곤해 보여요?
  나: 어제 하루 종일 대청소를 **했더니** 피곤하네요.
- 가: 점심 안 먹어요?
  나: 아침을 늦게 **먹었더니** 점심을 먹고 싶은 생각이 없어요.

문법 2 -아야지요/어야지요

의미

듣는 사람이나 문장의 주체가 어떤 행동을 해야 한다거나 어떤 상태여야 함을 나타낸다.
This ending is used when you want to express that somebody should do something or should be in a certain state.
表示听者或者文章的主体应该采取某种行为或理应处于某种状态。

형태 및 용법

	ㅏ, ㅗ + **아야지요**	ㅓ, ㅜ, ㅣ… + **어야지요**	하다 → **해야지요**
동사	사야지요	먹어야지요	공부해야지요
형용사	많아야지요	커야지요	편해야지요

① 부정 형태는 '-지 말아야지요'로 사용한다.
Its negative form is '-지 말아야지요'. 表示否定的句型是'-지 말아야지요'。
예 나쁜 행동은 하지 말아야지요.

② 과거 '-았/었-'과 결합하여 사용할 수 있으나 미래·추측의 '-겠-'과는 결합하지 않는다.
It can be combined with the past tense suffix '-았/었-', but it does not combine with the future/conjecture suffix '-겠-'.
不能与表示将来·推测的 '-겠-'结合使用。
예 갔어야지요 (○), 가겠어야지요 (×)

③ 주로 말할 때 사용된다. It is mostly used in speech. 主要用在口语中。

예문

- 가: 부모님이 제가 잘 지내는지 걱정을 많이 하세요.
  나: 부모님께 연락을 자주 **해야지요**.
- 가: 감기에 걸린 것 같아요.
  나: 창문을 닫고 **자야지요**. 아직은 밤에 추워요.
- 가: 왜 이렇게 배운 것을 금방 잊어버리는지 모르겠어요.
  나: 그러니까 복습을 **해야지요**. 저도 복습을 안 하면 금방 잊어버려요.
- 가: 문화 체험 때 동해안에 가고 싶어요.
  나: 거리가 **가까워야지요**. 그렇지 않으면 하루 안에 갔다 올 수 없어요.

문법 3 –다 보면

의미

앞 문장의 행동을 계속하면 새로운 상황이나 결과가 오게 됨을 나타낸다.
This form is used to express that the continuation of a certain event results in a new situation or result.
表示前一句行为如果继续下去就会出现新的情况或者新的结果。

형태 및 용법

동사	다 보면	하다 보면, 먹다 보면

① '–다가 보면'으로도 쓸 수 있다. An alternative form is '–다가 보면'.
也可用作'–다가 보면'。

② 형용사와 결합하지 않는다. It cannot be combined with an adjective.
不能与形容词结合使用。
예 춥다 보면 (×)

③ 과거의 '–았/었–'이나 미래·추측의 '–겠–'과 결합하지 않는다.
It cannot be combined with the past tense suffix '–았/었–' or the future/conjecture suffix '–겠–'.
不能与表示过去的'–았/었–'或者表示将来·推测的'–겠–'结合使用。
예 먹었다 보면 (×), 먹겠다 보면 (×)

④ 뒤 문장에는 과거 시제를 쓸 수 없다.
It cannot be followed by a past–tense clause.
后一句不能使用过去时。
예 명상을 하다 보면 마음이 편안해졌다. (×)

예문

- 명상을 **하다 보면** 마음이 편안해질 거예요.
- 노래가 좀 어렵지만 여러 번 **듣다 보면** 따라 부를 수 있을 거예요.
- 넓고 파란 바다를 **바라보다 보면** 마음까지 시원해진다.
- 가: 발음이 안 좋아서 걱정이에요.
  나: 듣고 따라 읽는 연습을 꾸준히 **하다가 보면** 발음이 좋아질 거예요.
- 가: 건강한 식습관이란 어떤 겁니까?
  나: 음식을 골고루 먹고 규칙적으로 식사하는 것이지요. **그러다 보면** 건강도 좋아질 거예요.

문법 4 -곤 하다

의미

특정 상황에서 같은 행동이 반복됨을 나타낸다.
This form is used to express that a certain action is repeated in a specific situation.
表示在特定状况下反复进行同样的行为。

형태 및 용법

	현재	과거
동사	곤 하다 가곤 하다, 먹곤 하다	곤 했다 가곤 했다, 먹곤 했다

① '-고는 하다'로도 쓸 수 있다. It can be used as '-고는 하다'. 也可用作'-고는 하다'。

② 반복될 수 없는 상황에는 쓸 수 없다.
It cannot be used for a situation that cannot be repeated.
不能用在无法反复的情况之中。
예 고등학교를 졸업하곤 했다. (×)

③ 형용사와 결합하지 않는다. It cannot be combined with an adjective.
不能与形容词结合使用。

④ 과거 '-았/었-'이나 미래·추측의 '-겠-'과 결합하지 않는다.
It cannot be combined with the past tense suffix '-았/었-' or future/conjecture suffix '-겠-'.
不能与表示过去的'-았/었-'或者表示将来·推测的'-겠-'结合使用。
예 갔곤 하다 (×), 가겠곤 하다 (×)

예문

- 중학교 때 친구들을 만나면 이 분식집에서 떡볶이를 **먹곤 했어요**.
- 우리 할머니는 시장에 가시면 저를 위해 간식을 **사 오시고는 해요**.
- 1년 전만 해도 생각이 날 때마다 고향에 있는 친구와 가끔 **연락하곤 했는데** 지금은 연락이 끊겼어요.
- 가: 강아지를 좋아하는데 왜 안 키워요?
  나: 부모님이 반대하셔서 키울 수 없어요. 그래서 시간 나면 강아지 카페에 **가곤 해요**.

- 가: 그 고향 친구와 친했어요?
  나: 네, 어렸을 때부터 서로 집에 놀러 **가곤 했어요**.

07과 날씨

문법 1 –게[2]

의미

앞 문장의 내용이 뒤의 행동을 하는 목적이나 의도가 됨을 나타낸다.
'–게' is used when the previous clause is the objective or intended purpose of the following clause.
表示前一句的内容成为后一句的目的或意图。

형태 및 용법

동사·일부 형용사	게	일어나게, 시끄럽지 않게

- '–지 않게', '–(으)ㄹ 수 있게'와 같은 형태로 사용되기도 한다.
  It can be used with '–지 않게' and '–(으)ㄹ 수 있게'.
  也可用作'–지 않게', '–(으)ㄹ 수 있게'的形态。

예문

- 사람들이 **지나가게** 우리는 옆으로 비켜섰다.
- 모두가 **들을 수 있게** 큰 소리로 말해 주세요.
- **춥지 않게** 옷을 더 입으세요.
- 가: 내일은 절대 지각하면 안 돼. 꼭 9시까지 와.
  나: 알겠어. **일찍 일어나게** 아침에 전화 좀 해 줄 수 있어?
- 가: 요즘 갑자기 날씨가 추워졌어요.
  나: 감기에 **걸리지 않게** 따뜻한 옷을 입어야겠어요.

문법 2 -든지 -든지 하다

의미

두 개 이상의 어떤 행동 중에서 하나를 선택함을 나타낸다.
This form is used to describe a situation when there are two or more possible options/actions that the subject can take.
表示在两个以上的行为中选取一个。

형태 및 용법

동사	든지, 든지 하다	밥을 먹든지 빵을 먹든지 하다

'-든지'는 '-든'으로 줄여 쓸 수 있다.
'-든지' can be shortened to '-든'. '-든지'可缩写成 '-든'的形式。

예문

- 오늘은 한가하니까 영화를 **보든지** 산책을 **하든지 할 거예요.**
- 이번 방학에는 복습을 **하든지** 예습을 **하든지** 꼭 공부를 **하려고 해요.**
- 내게 연락하고 싶으면 이메일을 **보내든지** 아니면 문자를 보내.
- 가: 대학에 입학 원서를 내려고 하는데 이메일로 제출해도 되나요?
  나: 이메일로는 접수가 불가능합니다.
  직접 **방문하시든지** 우편으로 **보내시든지 하셔야 합니다.**
- 가: 신혼여행은 어디로 갈지 정하셨어요?
  나: 아직 정하지는 않았는데 제주도로 **가든지** 하와이로 **가든지 하려고요.**

문법 3 -기 바라다

의미

이야기를 듣는 사람이 어떤 행위나 상태에 이르기를 희망할 때 사용한다. 사람들이 함께 알아야 할 일을 공지할 때도 완곡한 표현으로 사용한다.
This form expresses that the speaker wishes the listener to do something or to be in a certain state. It is also used to politely announce something everybody should know.

用于表示说话人希望听者实现某种行为或者达到某种状态。作为委婉的表达方法，也可用于向大家公告他们需要共同知晓的事情。

형태 및 용법

동사·형용사	기 바라다	준비하기 바라다, 행복하기 바라다

- 완곡하게 공지할 때 '-기 바랍니다'의 형태로 쓰이는 경우가 많다.
  When the speaker notifies something to people in a cordial way, '-기 바랍니다' is often used.
  委婉地公告某种事情时，多使用'-기 바랍니다'的形态。

예문

- 깨끗한 환경에서 생활할 수 있도록 쓰레기는 꼭 쓰레기통에 **버리시기 바랍니다.**
- 내일은 9시에 전체 회의가 있습니다. 늦지 않도록 **협조해 주시기 바랍니다.**
- 올 한 해도 **건강하시기 바랍니다.**
- 가: 선생님, 내일 가을 운동회 하잖아요. 준비물이 뭐예요?
  나: 여러분, 내일은 운동화와 운동복, 그리고 도시락을 **준비하기 바랍니다.**
- 가: 기차가 왜 안 오지? 무슨 일이 있나? 어! 방송 나온다.
  나: 안내 말씀드립니다. 1시 기차가 1시 10분 도착으로 지연되었습니다.
  승객 여러분께서는 잠시만 **기다려 주시기 바랍니다.**

문법 4 에 의하면

의미

어떤 상황이나 사실, 기준을 근거로 정보의 출처를 밝히거나 인용할 때 사용한다.
This form is used when the speaker quotes the source of what he/she is saying, which is based on a fact, criteria, or standard.
用于依据某种情况或事实、基准来标明或引用信息的来源。

형태 및 용법

명사	에 의하면	뉴스에 의하면

① 큰 의미 차이 없이 '에 따르면'으로 바꾸어 쓸 수 있다.
'에 따르면' can be used interchangeably with '에 의하면'.
可用作'에 따르면', 两者语义基本相同。

② '-다고 하다'와 같은 간접 인용과 같이 쓰인다.
This form is often used with an indirect quotation structure like '-다고 하다'.
可与表示间接引用的 '-다고 하다' 一起使用。

예문

- **일기 예보에 의하면** 올 여름은 무척 덥다고 해요.
- **뉴스에 의하면** 내년부터 집값이 오를 거라고 해요.
- 많은 **연구 결과에 의하면** 비만이 여러 가지 질병의 원인이 된다고 합니다.
- 가: 이번 주말 날씨가 어떨까요?
  나: **일기 예보에 의하면** 주말 내내 비가 온다고 해요.
- 가: 요즘 다이어트를 해서 아침을 안 먹어요.
  나: 어제 본 **신문 기사에 의하면** 아침을 먹는 것이 다이어트에 더 도움이 된다고 하던데요.

08과 부상·질병

문법 1 -다가[2]

의미

앞 문장의 일을 하는 과정 중에 뒤의 부정적인 상황이 일어나거나 앞의 일을 하는 과정이 뒤 문장의 부정적인 상황이 일어난 원인이나 근거가 됨을 나타낸다.
'-다가' is used when a negative situation happens while the previous action is being done, or the action is the cause of a negative consequence.
表示在前一句行为的进行过程中发生后一句所体现的不如意的状况, 也可表示前一句的行为是酿成后一句不如意状况的原因或根据。

형태 및 용법

동사	다가	하다가, 먹다가

① 보통 앞 문장과 뒤 문장의 주어가 같고, 뒤 문장의 주어는 생략하는 경우가 많다.
The subjects of the previous clause and the following clause are the same, and usually the subject of the following clause is omitted.
前一句和后一句的主语一般相同, 后一句的主语常省略掉。

② 형용사, 명사와 결합하지 않는다.
It cannot be combined with an adjective or a noun.
不能与形容词, 名词结合使用。

③ 과거 '–았/었–'과 결합할 경우에는 원인이나 근거가 아니라 다른 의미를 갖는다.
When it is combined with '–았/었–', it means that the first action is completed before the following situation is started.
同 '–았/었–'结合使用时, 不表示原因或根据, 而具有另外的语义。
㉄ 의자에 앉았다가 일어났다.

④ 미래·추측의 '–겠–'과 결합하지 않는다.
It cannot be combined with the future/conjecture suffix '–겠–'.
不能同表示将来·推测的 '–겠–'结合使用。
㉄ 엄마에게 거짓말을 하겠다가 혼날 거예요. (×)

⑤ 말할 때는 '–다가'보다 '–다'가 더 많이 사용된다.
In colloquial speech situations, '–가' is often omitted and '–다' alone is used, which expresses the same meaning.
在口语中, 比起'–다가'更多使用 '–다'。
㉄ 이삿짐을 옮기다 허리를 삐었어요.

예문

- 무거운 짐을 **옮기다가** 허리를 삐었어요.
- 무리해서 운동을 **하다가** 다쳤어요.
- 핸드폰을 보면서 요리를 **하다가** 칼에 베였어요.
- 가: 어제 왜 학교에 안 왔어요?
  나: 요즘 일이 많아서 **무리하다가** 병이 났어요.
- 가: 왜 교통사고가 났어요?
  나: 운전 중에 핸드폰을 **보다가** 사고를 냈어요.

문법 2 -지 그랬어요

의미

상대방이 앞 문장의 내용처럼 하지 않은 것에 대한 아쉬움이나 안타까움을 나타낸다.
'-지 그랬어요' expresses the speaker's regret about the fact that the listener did not do something.
表示对对方没有按照前一句内容去做而感到遗憾或者惋惜之意。

형태 및 용법

동사	지 그랬어요	하지 그랬어요, 먹지 그랬어요

① 부정 형태는 '-지 말지 그랬어요'로 사용한다.
Its negative form is '-지 말지 그랬어요' 'You shouldn't have done…'.
否定的表现形态是'-지 말지 그랬어요'。
예 시험 전날에 게임을 하지 말지 그랬어요.

② 형용사와 결합하지 않는다.
This form cannot be used with an adjective. 不能与形容词结合使用。

③ 과거의 '-았/었-'이나 미래·추측의 '-겠-'과 결합하지 않는다.
It cannot be combined with the past suffix '-았/었-' or future/conjecture suffix '-겠-'.
不能与表示过去的'-았/었-'或者表示将来·推测的 '-겠-'结合使用。
예 공부를 했지 그랬어요(×), 공부를 하겠지 그랬어요. (×)

예문

- 가: 구두를 신고 등산하다가 미끄러졌어요.
  나: 등산화를 신고 **가지 그랬어요.**
- 가: 제가 약속을 안 지켜서 친구가 화난 것 같아요.
  나: 약속을 **지키지 그랬어요.**
- 가: 어제 혼자 이사를 했더니 몸살이 났나 봐요.
  나: 저한테 도와 달라고 **말하지 그랬어요.** 어제 한가했거든요.
- 가: 미세 먼지가 심한데 돌아다녔더니 목이 아파요.
  나: 마스크를 **쓰지 그랬어요.**

문법 3 -(으)ㄹ수록

의미

앞의 정도나 상황이 점점 심해질 경우 뒤 문장의 결과나 상황도 그에 따라 더하거나 덜해짐을 나타낸다.
'-(으)ㄹ수록' expresses that the result in the following sentence changes proportionally to the changes described in the preceding sentence.
表示随着前一句的情况或程度逐渐加深，后一句的结果或状况也相应地深入或减轻。

형태 및 용법

	받침 ×, 'ㄹ' 받침	받침 ○
동사	**ㄹ수록** 볼수록, 살수록	**을수록** 먹을수록, 들을수록
형용사	클수록	작을수록
명사	**일수록** 어린아이일수록, 젊은 사람일수록	

① 과거의 '-았/었-'이나 미래·추측의 '-겠-'과 결합하지 않는다.
It cannot be used with the past-tense suffix '-았/었-' or future/conjecture suffix '-겠-'. 不能与表示过去的'-았/었-'或者表示将来·推测的 '-겠-'结合使用。

② 앞에 '-(으)면'을 붙여서 쓸 수 있다.
'-(으)면 (으)ㄹ수록' is often used and has the same meaning.
可以在前面加上'-(으)면'。
㉠ 나이가 어리면 어릴수록 외국어를 빨리 배워요.

예문

- 나이가 **어릴수록** 외국어를 빨리 배워요.
- 한국어는 **공부할수록** 더 재미있어요.
- 돈이 **많을수록** 걱정도 많아진다.
- 가: 지영 씨는 그 노래를 자주 듣네요.
  나: 네, **들을수록** 좋아서 요즘은 이 노래만 들어요.
- 가: 예전에 소개팅에서 만난 남자를 계속 만난다면서요?
  나: 네, **만날수록** 좋은 사람이라고 느껴져요.

문법 4 -(으)ㄹ 뿐만 아니라

의미

앞의 사실이나 상황에 뒤의 사실이나 상황까지 더해짐을 나타낸다.
This form expresses that the following fact or situation is being added to the existing fact or situation.
表示出现前面的事实或情况之后再添上后面的事实或情况，相当于汉语的'不仅-而且'。

형태 및 용법

	현재		과거
	받침 ×, 'ㄹ' 받침	받침 ○	
동사	**ㄹ 뿐만 아니라** 잘 뿐만 아니라	**을 뿐만 아니라** 먹을 뿐만 아니라	**았을/었을 뿐만 아니라** **했을 뿐만 아니라** 먹었을 뿐만 아니라 노력했을 뿐만 아니라
형용사	예쁠 뿐만 아니라	작을 뿐만 아니라	작았을 뿐만 아니라

① '만'을 생략하고 '-(으)ㄹ 뿐 아니라' 형태로 사용하기도 한다.
It can be used as '-(으)ㄹ 뿐 아니라' omitting '만'.
也可省略掉 '만', 以 '-(으)ㄹ 뿐 아니라' 的形式使用。

② 명사와 결합할 때는 '뿐만 아니라'가 사용된다.
When this form is used after a noun, '뿐만 아니라' is used.
同名词结合时，以'뿐만 아니라'的形式使用。例）不仅是学生，而且老师也来到了教室。
예) 학생뿐만 아니라 선생님도 교실로 모두 들어왔다.

③ 미래·추측의 '-겠-'과 결합하지 않는다.
It cannot be used with the future/conjecture suffix '-겠-'.
不能与表示将来·推测的'-겠-'结合使用。
예) 오늘 저녁에 요리를 하겠을 뿐만 아니라 대청소를 할 거예요. (×)

예문

- **저뿐만 아니라** 우리 가족 모두 키가 커요.
- 김치는 맛이 **좋을 뿐만 아니라** 건강에도 좋아요.
- 이 옷은 가격이 **쌀 뿐만 아니라** 디자인도 예뻐요.

- 가: 남편이 잘 도와줘요?

  나: 네, 요리도 **잘할 뿐만 아니라** 청소도 자주 해요.
- 가: 이 식당에서 밥을 먹은 적 있어요?

  나: 네, 음식이 **맛있을 뿐만 아니라** 양도 정말 많아요.

09과 학교생활 2

문법 1 -도록 하다

의미

명령이나 청유형으로 써서 듣는 사람에게 어떤 행동을 하게 하거나 제안할 때 사용한다. 또한 '-도록 하겠다'와 같이 써서 말하는 사람이 어떤 행위를 할 것이라는 의지나 다짐을 나타낸다.

'-도록 하다' is used in command or propositive sentences. It is used when the speaker asks or suggests someone to do something. The speaker can also use '-도록 하겠다' to express his/her will or intent to do something in the future.

'하다'以命令形或共动形使用，表示对听者实施命令或提议做某种行为。也以'-도록 하겠다'的句形来表示说话者将要做某种行为的意志或决心。

형태 및 용법

동사	도록 하다	가도록 하다, 먹도록 하다

① 어떤 일을 명령하거나 제안할 때는 '-도록 하세요', '-도록 합시다' 등의 형태로 쓴다.
When the speaker asks or suggests someone to do something, the forms '-도록 하세요' or '-도록 합시다' are used.
实施命令或者提议时使用'-도록 하세요', '-도록 합시다'等形式。

② 말하는 사람의 의지를 표현할 때는 '-도록 하겠다', '-지 않도록 하겠다'의 형태로 쓴다.
When the speaker talks about his/her volition, the forms '-도록 하겠다' or '-지 않도록 하겠다' are used.
表达说话者的意志时使用'-도록 하겠다', '-지 않도록 하겠다'等形式。

③ '-(으)세요'보다 격식적이면서 중요한 정보를 강조하여 말하는 느낌이 있다.
This form is more formal than '-(으)세요', and it gives a feeling of emphasizing the important information.
比起'-(으)세요'更具正式感，强调信息的重要性。

예문

- 환자 분, 식사 후에는 꼭 이를 **닦도록 하세요.**
- 재아야, 내일 우리 집에 손님이 오시니까 방을 깨끗하게 **청소하도록 해.**
- 선생님, 내일부터는 **늦지 않도록 하겠습니다.**
- 가: 휴대폰에 문제가 생겼는데 어떻게 해야 해요?
  나: 수리 센터에 가서 빨리 **수리하도록 하세요.**
- 가: 고객님, 오늘은 신분증이 없어서 통장을 만들어 드릴 수 없을 것 같아요.
  나: 네. 그럼 신분증 가지고 내일 다시 **오도록 할게요.**

문법 2 에 따라

의미

'에 따라'는 앞에 결합하는 명사가 뒤에 나오는 동작이나 상태를 결정하는 요인이 됨을 나타낸다.
'에 따라' expresses that the preceding noun is a factor that determines the following event or situation.
'에 따라'表示它前面的名词是决定后面动作或状态的重要原因。

형태 및 용법

명사	에 따라	날씨에 따라, 지역에 따라

① '에 따라서'의 형태로도 쓸 수 있다.
An alternative form is '에 따라서'. 也可以以'에 따라서'的形式来使用。
② '에 따라'의 뒤에는 주로 '다르다', '차이가 있다'와 같은 표현이 쓰인다.
'에 따라' is often followed by a clause with expressions like '다르다' or '차이가 있다'.
'에 따라'的后面一般使用'다르다', '차이가 있다'等用语。

예문

- 집값은 지역**에 따라** 차이가 크다.
- 여행 일정은 날씨**에 따라** 조정할 계획이에요.
- 언니는 그날그날 기분**에 따라** 다르게 행동한다.

- 가: 요즘 학생들은 어떤 동아리에 많이 들어가요?
  나: 글쎄요. 일단 성별**에 따라** 달라요.
- 가: 핸드폰 가격이 얼마나 해요?
  나: 기능**에 따라** 달라요. 기능이 많으면 좀 비싸고 기능이 적으면 싸요.

문법 3 -아/어 놓다

의미

어떤 행위를 완료한 상태에서 그대로 유지하고 있음을 나타낸다.
This form is used to express that the result of an action has been maintained and not changed.
表示某种行为的完结状态持续不变。

형태 및 용법

	ㅏ, ㅗ + **아 놓다**	ㅓ, ㅜ, ㅣ… + **어 놓다**	하다 → **해 놓다**
동사	사 놓다	넣어 놓다	준비해 놓다

- 주로 목적어를 필요로 하는 타동사와 결합한다.
  It is commonly combined with a verb that requires an object.
  一般与带宾语的及物动词结合使用。

예문

- 저는 어젯밤에 숙제를 다 **해 놓아서** 마음이 편해요.
- 내일 회의실은 2층으로 **예약해 놓았으니까** 그쪽으로 오세요.
- 아기가 무서워해서 밤새 불을 **켜 놓았어요.**
- 가: 휴가 기간이라서 비행기 표가 거의 없다는데 고향에 갈 비행기 표는 샀어요?
  나: 네, 그래서 저는 두 달 전에 미리 **사 놓았어요.**
- 가: 저녁에 친구가 놀러 온다고 했으니까 그 전까지 방을 **청소해 놔.**
  나: 네, 청소도 해 놓고 간식도 **만들어 놓을게요.**

문법 4 −ㄴ다면/는다면

의미

일어나지 않은 상황을 가정하여 말할 때 사용한다.
This form is used when the speaker presumes something about a certain situation that has not happened yet or might never happen.
说话者假设陈述尚未发生的事情时使用。

형태 및 용법

	받침 ×, 'ㄹ' 받침	받침 ○
동사	**ㄴ다면** 간다면, 산다면	**는다면** 먹는다면
형용사	**다면** 크다면, 춥다면	
명사	**(이)라면** 남자라면, 선생님이라면	

- '−(으)면'과 그 의미가 유사하나 가정하는 상황이 일어날 가능성이 희박할 때 '−ㄴ다면/는다면'을 쓴다.
  This form is similar to '−(으)면', but '−ㄴ다면/는다면' is preferred when the situation is less likely to happen.
  同'−(으)면'语义类似，但是假设的状况所出现的可能性几乎没有时，使用'−ㄴ다면/는다면'的句型。
  ㉮ 외계인이 있다면 어떤 모습일까?

예문

- 지금부터 열심히 **공부한다면** 4급에 갈 수 있을 거예요.
- 내일 비가 **온다면** 운동회를 하는 대신에 교실에서 수업을 하겠습니다.
- 일주일에 4일만 회사에 **간다면** 주말마다 가까운 곳으로 여행을 다니고 싶어요.
- 가: 이번에 토픽 3급을 받을 수 있을 것 같아요?
  나: 글쎄요. 하지만 이번에 토픽 3급을 **받는다면** 내년 3월에 대학교에 입학할 거예요.
- 가: 이 일은 언제까지 끝낼 수 있어요?
  나: 할 수 **있다면** 오늘 안에 끝내고 싶어요.

10과 외모·성격

문법 1 -나/(으)ㄴ가 보다

의미

어떤 사실이나 상황으로 미루어 볼 때 그런 것 같다는 추측을 나타낼 때 사용한다. 알고 있는 사실이나 주변의 상황에 비추어 짐작하는 것이므로 이유나 근거가 있는 추측에 사용한다.

This form is used to express the speaker's presumption or guess based on the situation or certain facts that the speaker knows. It is used when the speaker has a reasonable knowledge about his/her presumption.

根据某种事实或情况来进行推测并觉得如此时使用。基于已知的事实或者周边的情况进行预测, 所以用于有理由或有根据的推测。

형태 및 용법

	현재	과거	미래·추측
동사 있다·없다	**나 보다** 가나 보다 있나 보다, 없나 보다	**았나/었나 보다, 했나 보다** 갔나 보다, 공부했나 보다 있었나 보다, 없었나 보다	**(으)ㄹ 건가 보다** 갈 건가 보다
형용사	**(으)ㄴ가 보다** 예쁜가 보다, 귀찮은가 보다	**았나/었나 보다** 많았나 보다, 예뻤나 보다	•
명사	**인가 보다** 의사인가 보다, 학생인가 보다	**였나/이었나 보다** 의사였나 보다, 학생이었나 보다	•

'-나/(으)ㄴ가 보다'는 관찰한 상황을 바탕으로 화자가 추측할 때 사용하는 표현이므로, 1인칭 주어와는 결합하지 않는다.

This form cannot be used with the first-person subject, because it is used to express the speaker's presumptions about a situation he/she is observing.

因为基于情况来进行推测, 所以不能和第一人称主语结合使用。

㉮ 저는 공부를 하나 봐요. (×)

예문

- 미카 씨는 항상 일등을 해요. 공부를 열심히 **하나 봐요**.

- 오늘 이리나 씨가 예쁜 옷을 입고 왔어요. 남자 친구를 만나러 **가나 봐요.**
- 마키와 카오루가 항상 같이 다녀요. 정말 **친한가 봐요.**
- 가: 저 식당에는 항상 사람들이 많아요.
  나: 맞아요. 음식이 정말 **맛있나 봐요.**
- 가: 수업을 마치자마자 윤아가 뛰어가네요.
  나: 급한 약속이 **있나 봐요.**

문법 2 –게 하다

의미

다른 사람이 어떤 일을 하도록 만들거나 시킬 때 사용한다.
This form is used in situations when someone makes or allows someone else to do something.
让他人去做某种事情或者制造其环境时使用。

형태 및 용법

동사	게 하다	마시게 하다, 먹게 하다

- '명사①이 명사②를/에게/한테 동사 + 게 하다'의 문장 형태로 많이 사용한다.
  It is often used in the following structure: 'Noun①이/가 Noun②를/에게/한테 Verb게 하다'.
  多以'名词①对名词②를/에게/한테 动词게 하다'的句子形式来使用。
  예 엄마가 아이를 의자에 앉게 했어요.
  엄마가 아이에게(한테) 우유를 마시게 했어요.

예문

- 아이가 피곤해 보여서 일찍 **자게 했어요.**
- 학생들에게 매일 뉴스를 **듣게 했어요.**
- 엄마는 밥 먹을 때 핸드폰을 **보지 못하게 하셨어요.**
- 가: 어떻게 하면 학생들이 한국어를 열심히 공부할까요?
  나: 학생들에게 매일 뉴스를 듣고 내용을 **쓰게 하면** 어때요?
- 가: 아이들을 몇 시까지 **놀게 할까요?**
  나: 8시까지 **놀게 합시다.**

문법 3 -느라고

의미

앞 문장이 뒤 문장에 발생한 부정적인 결과의 원인이나 이유가 될 때 사용한다. 변명을 할 때도 많이 사용한다.

This form is used when the information from the previous clause is the cause or reason for a negative result which is then described in the following clause. It is often used to make excuses.

前一句是后一句负面结果的原因或理由时使用。表示辩解时也常使用。

형태 및 용법

동사	느라고	하느라고, 먹느라고

① '-느라고'는 말할 때와 글을 쓸 때 모두 사용되고, 말할 때는 '-고'가 생략된 '-느라'의 형태로 많이 쓰인다.

'-느라고' is used in both speaking and writing. When speaking, the speaker can omit '-고' and just use '-느라'.

'-느라고'用于口语和书面语的表达中, 但是在口语中省略掉'-고', 多以'-느라'形式使用。

예 텔레비전을 보느라 숙제를 못 했어요.

② 앞 문장과 뒤 문장의 주어가 같아야 하고, 주로 뒤 문장의 주어는 생략한다.

The subject from the previous clause must be the same as the following clause, therefore the subject can be omitted.

前一句与后一句的主语要相同, 一般省略掉后一句的主语。

예 미나 씨가 자느라고 (미나 씨가) 숙제를 못 했어요.

③ 과거 '-았/었-', 미래·추측의 '-겠-'과 결합하지 않는다.

It cannot be combined with the past tense suffix '-았/었-' and future/conjecture suffix '-겠-'.

不能与表示过去的'-았/었-'及表示将来·推测的 '-겠-' 结合使用。

예 숙제를 하느라고 친구 생일 파티에 못 갔어요. (○)
숙제를 했느라고 친구 생일 파티에 못 갔어요. (×)
숙제를 하겠느라고 친구 생일 파티에 못 갈 거예요. (×)

④ 뒤 문장에 명령문이나 청유문이 올 수 없다.

It cannot be followed by a command or proposative sentence form.

后一句中不能使用命令句或共动句。

예 자느라고 전화 못 받아라. (×)
자느라고 전화를 받지 말자. (×)

예문

- 시험공부를 **하느라고** 요즘 친구를 못 만났어요.
- 숙제를 **하느라고** 좋아하는 드라마를 못 봤어요.
- 영화를 **보느라고** 친구의 전화를 못 받았어요.
- 가: 너무 피곤해 보여요.
  나: **일하느라고** 쉬지 못해서 그래요.
- 가: 아까부터 불렀는데, 못 들었어요?
  나: 미안해요. 음악을 **듣느라고** 못 들었어요.

문법 4 –아/어 가지고[2]

의미

어떠한 행동이나 동작을 시간적 순서대로 나타낼 때 사용한다. 앞의 행위가 이루어진 다음에 뒤의 행위가 순차적으로 발생하므로 두 행위는 서로 밀접한 관계를 가지며, 주로 말할 때 사용한다.
This form is used when the speaker describes certain actions or movements in the order in which they happened. It is more commonly used in speaking, describing a series of actions closely related to each other.
表示某种行为或动作按时间顺序发生。表示前面的行为完结之后，后面的行为依次发生，两种行为彼此有密切的关系。一般用于口语的表达。

형태 및 용법

	ㅏ, ㅗ + 아 가지고	ㅓ, ㅜ, ㅣ… + 어 가지고	하다 → 해 가지고
동사	사 가지고	써 가지고	준비해 가지고

① 동사와만 결합하고, 형용사와 결합하면 이유의 의미를 나타낸다.
The form as described in this section can only be combined with verbs. If '–아/어 가지고' was combined with adjectives, the meaning would be different. It would express the reason for the situation that follows.

一般只与动词结合使用。与形容词结合使用则表示理由。

예 날씨가 너무 좋아 가지고 산책을 했어요. (이유)

② 앞 문장과 뒤 문장의 주어가 같아야 하고, 뒤 문장의 주어를 생략하는 경우가 많다.

The subject from the previous clause must be the same as the following clause, therefore the subject can be omitted.

前一句与后一句的主语要相同, 后一句的主语大多省略掉。

예 나는 어제 김치를 만들어 가지고 (내가) 먹었어요.

③ 과거 '–았/었–' 미래·추측의 '–겠–'과 결합하지 않는다.

It cannot be combined with the past tense suffix '–았/었–' or future/conjecture suffix '–겠–'.

不能与表示过去的'–었–',以及表示将来·推测的 '–겠–' 结合使用。

예 선물을 샀어 가지고 친구에게 주었어요. (×)
선물을 사겠어 가지고 친구에게 줄 거예요. (×)

예문

- 내일까지 이 숙제를 모두 **해 가지고** 오세요.
- 인형을 **만들어 가지고** 친구에게 선물했어요.
- 다음 주가 어머니 생신이어서 선물을 **사 가지고** 소포로 보냈어요.
- 제가 내일까지 회의 자료를 **준비해 가지고** 오겠습니다.
- 가: 오늘 저녁에 어떤 요리를 할 거예요?
  나: 고기를 많이 샀으니까 고기를 **구워 가지고** 다 같이 먹읍시다.
- 가: 투이 씨 생일 파티를 어떻게 할까요?
  나: 바트 씨는 편지를 써 가지고 오세요. 그리고 마키 씨는 가메리를 **준비해 기지고** 오세요. 다른 것은 제가 준비할게요.

11과 한국

문법 1 –기도 하고 –기도 하다

의미

앞의 일을 하는 경우도 있고, 뒤의 일을 하는 경우도 있음을 나타낸다. 형용사와 결합할 때는 두 가지의 감정이 동시에 일어나는 경우가 많다.

This form is used to indicate that the action in the first clause and the action in the second clause may all happen. If this form is used with adjectives, it is often

used to describe that the subject has multiple emotions at the same time.
表示既有做前面事情的时候, 也有做后面事情的时候。与形容词结合时大多表示两种感情同时出现。

형태 및 용법

동사·형용사	기도 하고 기도 하다	사기도 하고 만들기도 하다
명사	이기도 하고 이기도 하다	의사이기도 하고 선생이기도 하다

- 뒤 문장에 명령문이나 청유문이 올 수 없다.
  It cannot be followed by a command or proposative sentence.
  后一句不能有命令句或共动句。

예문

- 대학생들은 방학 때 아르바이트를 **하기도 하고** 여행을 **가기도 한다.**
- 학교를 졸업하니까 **좋기도 하고 아쉽기도 하다.**
- 김민희 씨는 **선생님이기도 하고 요리 학원 학생이기도 하다.**
- 가: 10시인데 버스가 왜 안 오지요?
  나: 통학 버스는 제시간에 **오기도 하고** 5분쯤 늦게 **오기도 하니까** 조금만 기다리세요.
- 가: 언니가 결혼하는데 기분이 어때?
  나: **좋기도 하고 서운하기도 해.**

문법 2 −ㄴ다니까/는다니까

의미

들었거나 알고 있는 사실을 이유나 근거로 삼아 인용할 때 사용한다. '−ㄴ다고/는다고 하니까'가 줄어든 표현이다.
−ㄴ다니까/는다니까 is used when someone quotes what he/she has heard or what he/she already knows in order to give reasons to justify the situation. It is a shortened form of '−ㄴ다고/는다고 하니까'.
把听到过或已知的事实作为理由或根据来引用时使用。是'−ㄴ다고/는다고 하니까'的缩略形式。

형태 및 용법

	현재	과거	미래
동사	**ㄴ다니까/는다니까** 간다니까, 먹는다니까	**았다니까/었다니까** 갔다니까, 먹었다니까	**(으)ㄹ 거라니까** 갈 거라니까, 먹을 거라니까
형용사	**다니까** 크다니까, 많다니까	**았다니까/었다니까** 많았다니까, 컸다니까	**(으)ㄹ 거라니까** 클 거라니까, 많을 거라니까
명사	**(이)라니까** 남자라니까, 학생이라니까	**였다니까/이었다니까** 남자였다니까, 학생이었다니까	**일 거라니까** 남자일 거라니까, 학생일 거라니까

예문

- 오후에 비가 **온다니까** 우산을 가져가세요.
- 토픽 시험이 **어렵다니까** 열심히 공부해야겠어요.
- 장핑 씨는 부산에 여러 번 **가 봤다니까** 다른 곳에 갑시다.
- 가: 창문을 좀 열까요?
  나: 오늘 미세 먼지가 **많다니까** 닫아 놓는 게 좋겠어요.
- 가: 오늘 행사에 차를 가져갈까요?
  나: 사람들이 많이 **올 거라니까** 가져가지 않는 게 좋겠어요.

문법 3 만 해도

의미

시간을 나타내는 명사 뒤에 결합하여 현재 상황과 다른 예전 상황을 설명할 때 사용한다.
Combined after a noun which expresses time, 만 해도 is used to explain a situation in the past that is not the same as the present. This situation was happening at one point but is no longer happening now.
用在表示时间的名词后面，说明目前的情况和以前的情况是不同的。

형태 및 용법

명사	**만 해도**	어제만 해도

- '명사 + 전만 해도'의 형태로도 자주 쓰인다. 예) 한 달 전만 해도, 1년 전만 해도
  It is often used in the following structure: 'N + 전만 해도'. (e.g.) 한 달 전만 해도 'a month ago', 1년 전만 해도 'a year ago'.
  常用作'名词 + 전만 해도'的形式。(例) 한 달 전만 해도, 1년 전만 해도

예문

- **한 달 전만 해도** 여기에 맛있는 한식집이 있었는데 없어졌네요.
- **어제만 해도** 더웠는데 오늘 아침에는 시원한 바람이 불어요.
- 10년 **전만 해도** 제 고향에는 아파트가 별로 없었어요.
- 가: 엄마, 이 사진 속의 할머니는 젊어 보이세요.
  나: 그렇구나. 5년 **전만 해도** 할머니가 무척 건강하셨는데…….
- 가: 한국에 처음 왔을 때 한국말을 할 수 있었어요?
  나: 아니요, **그때만 해도** 한글을 읽지도 못했어요.

문법 4 -다니

의미

어떤 사실에 대해 놀라거나 감탄할 때, 혹은 믿을 수 없음을 나타낼 때 사용한다.
This form is used when someone expresses his/her surprise or admiration, or when he/she expresses that something is unbelievable.
对某种事实表示惊讶、感叹或无法相信时使用。

형태 및 용법

	현재	과거
동사	**다니** 가다니, 먹다니	**았다니/었다니, 했다니** 갔다니, 공부했다니
형용사	**다니** 크다니, 많다니	**았다니/었다니** 컸다니
명사	**(이)라니** 친구라니, 선물이라니	**였다니/이었다니** 친구였다니, 선물이었다니

- 뒤 문장에 '놀랍다, 대단하다, 굉장하다'와 같은 단어가 쓰이는 경우가 많다. 뒤 문장을

생략할 수도 있다.

'-다니' is often followed by a clause with adjectives expressing feelings such as astonishment or awe. But the following clause can be omitted since the feeling expressed is clearly understandable.

后句中常会使用'놀랍다, 대단하다, 굉장하다'等词语 。后句可以省略。

예문

- 한 번에 시험에 **합격하다니** 정말 대단하네요.
- 또 약속을 안 **지키다니** 정말 믿을 수 없는 사람입니다.
- 한국에 산이 이렇게 **많다니**…….
- 가: 요즘 너무 바빠서 날마다 야근을 해요. 정말 피곤해요.
  나: 그렇게 **바쁘다니** 건강이 걱정돼요.
- 가: 그 사람 말이 사실이 아니래요.
  나: 정말요? 그게 **거짓말이었다니** 믿을 수가 없어요.

12과 고민 상담

문법 1 -(으)ㄹ까 봐

의미

어떤 일이 발생하지 않기를 바라는 걱정스러운 추측을 나타낸다. '-을까 봐'의 뒤 문장에는 일반적으로 앞 문장의 사건으로 인한 걱정이나, 그 사건이 일어나지 않도록 대비하는 행위에 대한 서술이 온다.

This form is used to express the speaker's presumption about something negative that will happen, often with a tone of anxiety or nervousness. '-을까 봐' is generally followed by a description of the action taken by the speaker because of the negative event expected.

表示不希望发生某事的怀有担忧之义的猜想。'-을까 봐'的后句一般是因为前句的事件而导致的担忧或者是叙说为防止其事件的发生而做出的行为。

형태 및 용법

	현재	과거
동사	**(으)ㄹ까 봐** 갈까 봐, 받을까 봐	**았을까/었을까 봐, 했을까 봐** 갔을까 봐, 먹었을까 봐
형용사	**(으)ㄹ까 봐** 아플까 봐, 적을까 봐	**았을까/었을까 봐** 아팠을까 봐, 적었을까 봐
명사	**일까 봐** 친구일까 봐, 학생일까 봐	**였을까/이었을까 봐** 친구였을까 봐, 학생이었을까 봐

- 미래, 추측의 '–겠–'과는 결합하지 않는다. 예) 기차가 떠나겠을까 봐 서둘렀다. (X)
  It cannot be combined with the future/conjecture suffix '–겠–'.
  不能和表示将来·推测的 '–겠–' 结合使用。

예문

- 제 사과를 안 **받을까 봐** 고민이에요.
- 아기가 **아플까 봐** 걱정이에요.
- 시험에 **떨어질까 봐** 겁이 나요.
- 가: 미나 씨, 왜 이렇게 일찍 출발해요?
  나: 기차를 **놓칠까 봐** 걱정이 돼서요.
- 가: 왜 김치를 안 먹어요?
  나: **매울까 봐** 못 먹겠어요.

문법 2 만큼

의미

정도가 비슷한 것을 비교해서 말할 때 사용한다.
It is used in speech when someone is comparing something with something else that is similar to it.
对于程度相似的人或事物进行比较时使用。

형태 및 용법

명사	**만큼**	아빠만큼, 형만큼

① 비교할 때와 최상급을 표현할 때 모두 사용할 수 있다.
It can be used as a comparison between two things and expressing which one is the best.
进行比较时和表达最高程度时均可以使用。
예 나도 아빠만큼 키가 크다. (비교)
우리 집에서 아빠만큼 키가 큰 사람은 없다. (최상급)

② '만큼'의 뒤 문장에는 동사 또는 '크다, 작다, 넓다, 좁다'와 같이 그 크기와 양을 측정할 수 있는 형용사가 오는 경우가 많다.
'만큼' is often followed by a clause with a verb or an adjective like 크다 'big', 작다 'small', 넓다 'wide', 좁다 'narrow' which are used for measuring size or amount.
'만큼'的后面通常连接动词或者诸如'크다, 작다, 넓다, 좁다'等推定大小和量的形容词。

③ 어느 정도인지를 묻기 위해 의문 대명사 '얼마'에 결합하여 '얼마만큼'이라고 쓸 수 있다.
When asking for an amount, it is possible to combine 얼마 'how much' and 만큼 and use 얼마만큼 'for how much'.
要是想问何种程度, 则和疑问代词'얼마'相结合, 可用作'얼마만큼'。
예 제가 얼마만큼 사랑하는지 아세요?

④ '만큼'은 '같이, 처럼'과 비슷하지만 비유 표현에 사용하면 어색하다.
The usage of '만큼' is similar to '같이 or '처럼', but it is unnatural to use '만큼' in a metaphoric expression.
'만큼'虽然在用法上与 '같이', '처럼'相似, 但是如果用在比喻句中就显得别扭。
예 선생님이 꽃만큼 아름답다. (?)　나는 번개만큼 빨리 달린다. (?)

예문

① 비교
- 동생도 **형만큼** 키가 크다.
- 투이는 **마키만큼** 운동을 잘한다.
- 나도 **당신만큼** 이 일을 잘할 수 있다.
- 가: 엄마, 나를 얼마나 사랑해요?
  나: **하늘만큼 땅만큼** 사랑해.

② 최상급
- 우리 집에서 **아빠만큼** 키가 큰 사람은 없다.
- 우리 반에서 **마키만큼** 한국어를 잘하는 사람은 없다.
- 가: 지난주에 제주도에 갔는데 정말 아름다웠어요.
  나: 맞아요. 한국에서 **제주도만큼** 아름다운 곳은 없는 것 같아요.

문법 3 -아/어 달라고/주라고 하다

의미

'-아/어 달라고 하다'와 '-아/어 주라고 하다'는 다른 사람의 요청이나 요구를 간접적으로 전달할 때 사용한다. '-아/어 달라고 하다'는 행위의 수혜자가 말하는 사람일 때 사용한다. 반면에 '-아/어 주라고 하다'는 행위의 수혜자가 말하는 사람도 듣는 사람도 아닌 제3자일 때 사용한다.

'-아/어 달라고 하다' and '-아/어 주라고 하다' are used when someone indirectly conveys someone else's request to another person. '-아/어 달라고 하다' is used when the recipient of the action is the speaker. On the other hand, '-아/어 주라고 하다' is used when the beneficiary of the action is not the speaker, but someone else.

'-아/어 달라고 하다'和 '-아/어 주라고 하다'用于间接传达别人的请求或需求。'-아/어 달라고 하다'用于行为的受惠者是说话者。反之, '-아/어 주라고 하다'则表示行为的受惠者不是说话者也不是听话者, 而是第三者。

형태 및 용법

	ㅏ, ㅗ + 아 달라고/주라고 하다	ㅓ, ㅜ, ㅣ… + 어 달라고/주라고 하다	하다 → 해 달라고/주라고 하다
동사	사 달라고/주라고 하다	만들어 달라고/주라고 하다	준비해 달라고/주라고 하다

예문

(1) A : "엄마, 우유를 주세요.": A가 엄마에게 우유를 **달라고 했어요.**
A : "이 우유를 B에게 주세요.": A가 우유를 B에게 **주라고 했어요.**

(2) A : "B씨, 돈을 빌려주세요.": A가 B에게 돈을 **빌려 달라고 했어요.**
A : "B씨, 돈을 C에게 빌려주세요.": A가 B에게 말했는데, C에게 돈을 **빌려 주라고 했어요.**

(3) A : "B씨, 숙제를 도와주세요.": A가 B에게 숙제를 **도와 달라고 했어요.**
A : "B씨, C의 숙제를 도와주세요.": A가 B에게 말했는데, C의 숙제를 **도와주라고 했어요.**

문법 4 –아/어 버리다

의미

어떤 행위를 완전히 끝내서 부담을 덜게 되었거나 아쉬움이 남게 되었음을 표현한다.
This form is used to express that the speaker has completely finished something and feels good because of the lessened workload, or that the completion of an action makes him/her feel sad or sorry.
表示已完结某种行为从而减轻了负担或者仍然留有遗憾。

형태 및 용법

	ㅏ, ㅗ + 아 버리다	ㅓ, ㅜ, ㅣ… + 어 버리다	하다 → 해 버리다
동사	가 버리다	먹어 버리다	청소해 버리다

① '–아/어 버리다'는 형용사와 결합하지 않는다.
'–아/어 버리다' cannot be combined with an adjective.
'–아/어 버리다'不能和形容词结合使用。
예 저도 예뻐 버리고 싶어요. (×)

② 과거 '–았/었–', 미래·추측의 '–겠–'이 앞에 붙지 않는다.
It cannot be combined with the past tense suffix '–았/었–' and future/conjecture suffix '–겠–'.
表示过去的'–았/었–'和表示将来·推测的 '–겠–'不能连接在前面。
예 이 책을 다 읽었어 버려요. (×)
이 책을 다 읽겠어 버렸어요. (×)

③ 1인칭 주어와 결합하면 의도적으로 그 행동을 하거나, 부담스러운 일을 끝냈기 때문에 시원한 느낌을 나타내는 경우가 많다.
When used in the first-person, it usually implies that the speaker purposefully completed the action, leading him/her to feel relieved or sad.
和第一人称主语结合，多用于表示有意做其行为。还可以用来表达做完令人感到负担的事情之后的清爽之意。
예 화가 나서 집에 와 버렸어요. (의도적으로 그 행위를 함)
숙제를 다 해 버렸더니 기분이 좋아요. (시원한 느낌)

④ 3인칭 주어와 결합할 때는 원하지 않은 결과를 나타내는 경우가 많다.
This form can also be used to describe something that someone did which had a bad result for the speaker.

和第三人称主语结合，一般表示结果是违背意愿的。
㉠ 그 사람이 어제 떠나 버렸다. (원하지 않은 결과)

예문

- 너무 피곤해서 7시부터 **자 버렸어요.**
- 너무 배가 고파서 밥을 모두 **먹어 버렸다.**
- 화가 나서 소리를 **질러 버렸다.**
- 이사를 가면서 오래 된 짐들을 **정리해 버리니까** 속이 시원하다.
- 가: 시험 다 끝났어요?
  나: 네, 시험을 **봐 버리니까** 속이 시원해요.
- 가: 사고 싶은 신발이 있는데 살까 말까 고민이에요.
  나: 사고 싶은 것은 사야 해요. 그냥 **사 버리세요.**

13과 연애 · 결혼

문법 1 간접 화법 축약

의미

말하는 사람이 이미 알거나 들은 사실을 다른 사람에게 알려 줄 때 쓴다. 간접 화법을 줄인 형태이며 비격식적으로 말할 때 많이 사용한다.

These forms are used when the speaker relays information he/she has heard from someone to someone else. These are the shortened forms of indirect quotation and are used in informal situations.

用于说话人将自己已知的或者听到的事实转告他人。是间接对话法的缩略形式，多在非正式的口语表达中使用。

형태 및 용법

<table>
<tr><td rowspan="3"></td><td colspan="5">(평서형)</td></tr>
<tr><td colspan="3">현재</td><td rowspan="2">과거</td><td rowspan="2">미래</td></tr>
<tr><td>동사</td><td>형용사</td><td>명사</td></tr>
<tr><td>간접
화법</td><td>ㄴ다고/는다고 해요
잔다고 해요
먹는다고 해요</td><td>다고 해요
예쁘다고 해요</td><td>(이)라고 해요
학생이라고
해요</td><td>았다고/었다고
해요, 했다고 해요
먹었다고 해요</td><td>(으)ㄹ
거라고 해요
먹을 거라고 해요</td></tr>
<tr><td>줄인
형태</td><td>ㄴ대요/는대요
잔대요, 먹는대요</td><td>대요
예쁘대요</td><td>(이)래요
학생이래요</td><td>았대요/었대요,
했대요
먹었대요</td><td>(으)ㄹ
거래요
먹을 거래요</td></tr>
<tr><td></td><td>(의문형)</td><td>(명령형)</td><td>(청유형)</td><td rowspan="3"></td><td rowspan="3"></td></tr>
<tr><td>간접
화법</td><td>냐고 해요
먹냐고 해요</td><td>(으)라고 해요
먹으라고 해요</td><td>자고 해요
먹자고 해요</td></tr>
<tr><td>줄인
형태</td><td>냬요
먹냬요</td><td>(으)래요
먹으래요</td><td>재요
먹재요</td></tr>
</table>

예문

- 미용실에서 머리를 자르고 왔는데 친구가 잘 **어울린대요**.
- 중국 친구가 자기 고향보다 한국의 날씨가 더 **춥대요**.
- 친구가 허리가 아플 때 스트레칭을 자주 **했대요**.
- 부모님이 아직 사귀는 사람이 **없냬요**.
- 언니가 할 말이 있으니 집에 잠깐 **들르래요**.
- 친구가 방학 때 같이 수영을 배우러 **다니재요**.

문법 2 만에

의미

시간을 나타내는 명사와 결합하여 '그만큼의 시간이 지난 후에'라는 의미를 나타낸다.
Combined with a noun related to time, '만에' means 'after that much time passed'. The following clause describes what has happened after that period of time.
与表示时间的名词结合使用，表示某事发生后多长时间又发生另一件事。

형태 및 용법

명사	만에	한 달 만에

예문

- 어렸을 때 같은 동네에 살았던 친구를 10년 **만에** 만났다.
- 수잔 씨는 한국어 공부를 시작한 지 5년 **만에** 한국 소설을 영어로 완벽하게 번역했다.
- 고등학교 때 같이 공부했던 친구를 **오랜만에** 만나서 정말 반가웠다.
- 가: 오랜만이에요. 정말 반가워요.
  나: 정말 **얼마 만에** 만나는 거지요? 잘 지냈어요?
- 가: 한국어를 공부한 지 **얼마 만에** 대학교에 입학했어요?
  나: 한국어를 공부한 지 1년 **만에** 대학교에 입학했어요.

문법 3 –던

의미

과거에 습관적으로 반복한 일을 회상할 때 사용한다.
'–던' is used when you recall a past event and talk about something you used to do regularly.
表示回想曾习惯性地重复过的事情。

형태 및 용법

동사	던	가던, 먹던

① 과거에 습관적으로 반복한 일을 회상할 때 사용한다.
It is used when the speaker recalls what he/she used to do regularly.
回忆在过去习惯性地重复过的事情时使用。
㉠ 이 아이스크림은 제가 어렸을 때 자주 먹던 건데 아직도 팔고 있네요.
오빠가 쓰던 노트북을 가져와서 쓰고 있어요.

② 과거에 하다가 중단되어서 완료하지 못한 일을 말할 때도 쓴다.
It is also used when the speaker talks about something he/she left unfinished.
在述说过去半路中断而未能完结的事情时也可使用。
㉠ 여기 내가 먹던 사과가 어디 갔지?

어제 만들던 PPT를 다 완성했어요?

예문

- 이 그림책은 제가 어렸을 때 자주 **보던** 책이어서 버리지 않았어요.
- 어제 **보던** 영화를 오늘 다시 보려고 해요.
- 가: 이 공원 사진이 많네요.
  나: 네, 학교 다닐 때 친구들하고 매일 **가던** 곳이거든요.
- 가: 엄마, 아까 내가 **읽던** 책을 식탁에 두었는데 치우셨어요?
  나: 응, 책장에 꽂아 놓았어.

문법 4 을/를 통해

의미

앞의 명사를 수단·방법·과정으로 해서 뒤의 일이 이루어지거나 어떤 것을 알 수 있음을 표현할 때 사용한다.
This form is used to express that the following event can be realized or some fact can be understood through the preceding noun as a way, method, or process.
表示把前面的名词作为手段·方法·过程，从而实现后面的事情或得知某事某物。

형태 및 용법

명사	을/를 통해	과정을 통해, 뉴스를 통해

- '명사 + 을/를 통해서'의 형태로 사용하기도 한다.
  It can be used with the following structure: 'Noun + 을/를 통해서'.
  也以'명사 +을/를 통해서'的形式来使用。

예문

- **인터넷을 통해** 발표에 필요한 자료를 찾을 수 있다.
- 이러한 설문 조사 **결과를 통해** 환경 오염 문제가 점점 심각해지고 있음을 알 수 있다.
- 친구가 소개한 **여행사를 통해** 비행기 표와 호텔을 예약했다.
- 이와 같은 조사 **결과를 통해** 세계의 평균 기온이 점차 올라가고 있음을 알 수 있다.
- 이번 **아르바이트를 통해서** 새로운 경험을 할 수 있었습니다.

14과 언어생활

문법 1 -기는요

의미

상대방의 말에 반응하면서 그 내용을 가볍게 부정함을 나타낸다. 칭찬에 대해 겸손하게 대답할 때도 사용한다.

This ending is used when the speaker politely denies what someone has just said to him/her. It is often used to humbly respond to praise.

表示对对方的言语做出反应并对其内容予以留有余地的否定。表示谦虚地应对对方给与的称赞时也可使用。

형태 및 용법

동사	기는요	가기는요, 잘 먹기는요
형용사	기는요	바쁘기는요, 많기는요
명사	(이)기는요	부자(이)기는요, 학생이기는요

- 말할 때는 '-긴요'로 줄여서 사용할 때가 많다.
  In colloquial speech, the speaker can shorten it to '-긴요'.
  说话时常缩略为'-긴요'形式使用。

예문

- **미안하긴**. 도와주지 못해서 내가 더 미안해.
- **춥긴요**. 저는 아무리 추워도 차가운 커피를 마셔요.
- **자주 가기는요**. 시간이 남을 때 가끔 가는 거예요.
- 가: 요즘 바쁜가 봐요.
  나: **바쁘기는요**. 별로 안 바빠요.
- 가: 문을 열어 주셔서 감사합니다. 참 친절하시네요.
  나: **친절하긴요**. 별일 아니에요.

문법 2 (이)라도

의미

가장 마음에 들지는 않으나 그런대로 괜찮음을 나타낼 때 쓰인다. 구어에서 주로 사용한다.
'(이)라도' is used when the speaker expresses that something may not be the best choice, but is still acceptable. It is mostly used in speech.
表示尽管不是最中意但可以接受时使用。一般以口语形态使用。

형태 및 용법

	받침 × + **라도**	받침 ○ + **이라도**
명사	우유라도	빵이라도

예문

- 지금 집에 마실 게 없는데 **물이라도** 드시겠어요?
- 조금밖에 안 늦었으니까 **지금이라도** 출발하는 게 좋겠어요.
- 모두 같이 여행갈 수 없으면 우리 **둘이라도** 꼭 가자.
- 가: 다 같이 생일 파티를 준비하자고 이야기 했는데 오늘은 시간이 안 되나 봐.
  나: 어쩔 수 없지. **너라도** 나하고 같이 준비하자.
- 가: 이번 방학에 하와이에 가려고 했는데 비행기 표가 벌써 다 팔렸어.
  나: 그럼 하와이는 다음에 가고 이번에는 **제주도에라도** 가는 게 어때?

문법 3 –아하다/어하다

의미

다른 사람의 감정을 표현할 때 사용한다.
This form is used when the speaker describes another person's emotion.
说话人表达他人的情感时使用。

형태 및 용법

	ㅏ, ㅗ + **아하다**	ㅓ, ㅜ, ㅣ… + **어하다**	하다 → **해하다**
형용사	아파하다	기뻐하다	행복해하다

- 형용사가 '–아하다/어하다'와 결합하면 동사로 성격이 바뀌기 때문에 형용사 앞에 오는 명사는 조사 '을/를'과 결합한다.
  When an adjective is combined with '–아하다/어하다', it changes to a verb. Therefore, a noun which precedes '–아하다/어하다' should take the object particle '을/를'.
  当形容词连接于'–아하다/어하다'时其词性变为动词, 因此形容词前面的名词要与助词'을/를'结合使用。
  예 내가 선물한 게임이 정말 재미있다.
  친구는 내가 선물한 게임을 정말 재미있어했다.

예문

- 제가 울면 남자 친구도 같이 **슬퍼해요**.
- 영화가 재미없어서 그런지 **지루해하는** 사람들이 많았어요.
- 제가 선생님과 한 약속을 지켰을 때 선생님께서 굉장히 **기뻐하셨어요**.
- 가: 바트 씨, 아버님께 생신 선물 드렸어요?
  나: 네, 선물을 받고 아버지께서 정말 **행복해하셨어요**.
- 가: 어제 남자 친구하고 같이 공포영화 봤어요? 어땠어요?
  나: 네, 저는 별로 안 무서웠는데 남자 친구는 정말 **무서워하더라고요**.

문법 4 와/과 달리

의미

앞의 사실과 차이가 나는 어떤 사실을 나타낼 때 쓰인다.
This form is used to express a fact which is different from the previously mentioned information.
表示某种事实区别于前面的事实。

형태 및 용법

명사	와/과 달리	아버지와 달리, 한국과 달리

예문

- 한국어에는 **영어와 달리** 높임 표현이 많이 있다.

- **평일과 달리** 주말에는 대중교통을 이용하는 사람이 적다.
- 이 운동화는 **보기와는 달리** 가볍습니다. 한번 신어 보세요.
- 가: 새로 이사한 집은 어때요?
  나: 예전에 **살던 집과 달리** 학교 다니기 편해요.
- 가: 아버지하고 성격이 비슷하세요?
  나: 아니요. 저는 **아버지와 달리** 좀 말이 없는 편입니다.

15과 사고

문법 1 -는 바람에

의미

갑자기 발생한 일 때문에 부정적인 결과나 예상하지 않은 결과가 발생함을 나타낸다.
'-는 바람에' expresses that a negative or unexpected result occurred due to an event that happened abruptly.
表示由于发生突发事情而产生了否定性的或者意想不到的结局。

형태 및 용법

동사	는 바람에	넘어지는 바람에, 먹는 바람에

① 형용사, 명사와 결합하지 않는다.
It cannot be combined with an adjective or a noun.
不能与形容词, 名词结合使用。
예 시험이 어려운 바람에 잘 못 봤어요. (×)

② 과거 '-았/었-', 미래·추측의 '-겠-'과 결합하지 않는다.
It cannot be combined with the past tense suffix '-았/었-' or future/conjecture suffix '-겠-'.
不能与表示过去的'-았/었-'或者表示将来·推测的'-겠-'结合使用。
예 잠이 들었는 바람에 숙제를 못 했어요. (×)
잠이 들겠는 바람에 숙제를 못 할 거예요. (×)

③ 뒤 문장에 명령문이나 청유문이 올 수 없다.
This form should not be followed by a clause with a command or proposal.

后一句不能有命令句或共动句。

예 다치는 바람에 병원에 갈까요/갈래요? (×)
　다치는 바람에 병원에 가세요. (×)

④ '-는 바람에' 뒤 문장은 현재와 과거만 올 수 있고 미래 시제는 올 수 없다.
'-는 바람에' should be followed by a clause expressing a present or past event, not a future event.
'-는 바람에'后面只能使用现在时或过去时, 不能使用将来时。

예 팔을 다치는 바람에 농구하지 않을 거예요. (×)

예문

- 잠이 **드는 바람에** 숙제를 못 했어요.
- 친구가 **다치는 바람에** 내가 대신 소개팅을 하게 됐다.
- 옆에서 친구가 **떠드는 바람에** 선생님 말씀을 못 들었어요.
- 가: 어쩌다가 넘어졌어요?
  나: 책상 밑에 있는 가방에 발이 **걸리는 바람에** 넘어졌어요.
- 가: 옷에 커피를 쏟았네요.
  나: 친구가 제 팔을 **치는 바람에** 커피를 쏟았어요.

문법 2 -(으)ㄹ 뻔하다

의미

어떤 일이 실제로 일어나지 않았지만 거의 일어날 것 같았거나 그럴 가능성이 많았음을 나타낸다.
'-(으)ㄹ 뻔하다' expresses that there was a high chance that something could have happened, even though it did not.
表示某种事情虽然没有发生, 但差一点儿要发生或者发生的可能性很大。

형태 및 용법

	받침 ×, 'ㄹ' 받침	받침 ○
동사	**ㄹ 뻔하다** 갈 뻔하다, 만들 뻔하다	**을 뻔하다** 먹을 뻔하다

① 형용사, 명사와 결합하지 않는다.

It cannot be combined with an adjective or a noun.

不能与形容词或者名词结合使用。

예 팔을 다쳐서 아플 뻔했다. (×)

② 과거 '-았/었-', 미래·추측의 '-겠-'과 결합하지 않는다.

It cannot be combined with the past tense suffix '-았/었-' or future/conjecture suffix '-겠-'.

不能与表示过去的'-았/었-'或者表示将来·推测的'-겠-'结合使用。

예 승강기가 갑자기 멈춰서 넘어졌을 뻔했어요. (×)
승강기가 갑자기 멈춰서 넘어지겠을 뻔했어요. (×)

③ 문장의 끝에 현재나 미래 시제가 오지 않는다.

It cannot be used in the future tense.

句子的终尾部分不能使用现在时或者将来时。

예 승강기가 갑자기 멈춰서 넘어졌을 뻔해요. (×)
승강기가 갑자기 멈춰서 넘어질 뻔할 거예요. (×)

예문

- 지하철 문에 옷이 끼어서 큰일 **날 뻔했어요.**
- 승강기가 갑자기 멈춰서 뒤로 **넘어질 뻔했어요.**
- 길이 막혀서 하마터면 시험 시간에 **늦을 뻔했어요.**
- 가: 숙제 다 했어?
  나: 맞다. 네가 말해 주지 않았으면 숙제를 **잊어버릴 뻔했어.**
- 가: 늦어서 미안해요.
  나: 왜 이렇게 늦었어요? 하마터면 기차를 **놓칠 뻔했잖아요.**

문법 3 -도록

의미

앞 문장의 내용이 뒤의 행동을 하는 목적이나 의도가 됨을 나타낸다.

This form expresses that the previous clause was the purpose or intention for the action in the following clause.

表示前面的内容是后面行为的目的或者意图。

형태 및 용법

동사·일부 형용사	도록	일어나도록, 시끄럽지 않도록

① 일반적으로 형용사와는 결합하지 않으나 일부 형용사와는 결합할 수 있다.
It does not generally combine with adjectives, but there are specific adjectives that it combines with.
一般不能与形容词结合使用，但可以与部分形容词结合使用。
예 아이들이 먹기 쉽도록 빵을 작게 잘랐어요. (O)

② 과거 '-았/었-', 미래·추측의 '-겠-'과 결합하지 않는다.
It cannot be combined with the past tense suffix '-았/었-' or future/conjecture suffix '-겠-'.
不能与表示过去的'-았/었-'或者表示将来·推测的'-겠-'结合使用。
예 글씨가 잘 보였도록 글씨를 크게 썼어요. (×)
글씨가 잘 보이겠도록 글씨를 크게 쓸 거예요. (×)

예문

- 친구 사이에 오해가 **생기지 않도록** 신경 쓰세요.
- 부모님이 **깨시지 않도록** 우리는 작은 소리로 이야기했다.
- 이 박스에 그릇이 들어 있으니까 **깨지지 않도록** 조심해 주세요.
- 가: 한국에서 운전할 수 있을까요?
  나: 그럼요, 외국인이 이용하기 **편하도록** 거리 표지판에 영어로 설명이 되어 있어요.
- 가: 선생님, 글씨가 잘 **보이도록** 크게 써 주세요.
  나: 잘 안 보여요? 그럼 더 크게 써 줄게요.

문법 4 (으)로 인해

의미

앞의 명사가 뒤의 상황에 대한 원인이 됨을 나타낸다. 주로 공식적인 상황의 말이나 글에서 쓴다.
This form is used to express that the preceding noun is the cause or reason for the following situation. It is often used in official speech or writing.
表示前面的名词是后面所提状况的原因。主要用于正式场合的言谈或者文章中。

형태 및 용법

	받침 ×, 'ㄹ' 받침	받침 ○
명사	**로 인해** 화재로 인해, 산불로 인해	**으로 인해** 태풍으로 인해

예문

- **교통사고로 인해** 길이 많이 막힙니다.
- **폭설로 인해** 한라산 등산이 금지되었다.
- 어른들의 싸움은 **오해로 인해** 발생하는 경우가 많다.
- 가: 오늘도 공기가 안 좋습니다.
  나: 네, **미세 먼지로 인해** 맑은 하늘을 보기 힘들어졌습니다.
- 가: 어제 발생한 산불에 대해 말씀해 주십시오.
  나: 네, 어제 경기도의 한 산에서 산불이 발생했습니다. 그 **산불로 인해** 산의 2/3가량이 타서 없어졌습니다.

16과 실수·후회

문법 1 -(으)ㄹ 걸 그랬다

의미

말하는 사람 자신이 하지 않은 일이나 하지 못한 일에 대한 후회 또는 아쉬움을 나타낸다.
This form is used when someone expresses his/her regret for something he/she did not do or something he/she could not do.
表示说话人对于自己没有做或者没能做的事情感到后悔或遗憾。

형태 및 용법

	받침 ×, 'ㄹ' 받침	받침 ○
동사	**ㄹ 걸 그랬다** 갈 걸 그랬다, 만들 걸 그랬다	**을 걸 그랬다** 먹을 걸 그랬다

① 형용사, 명사와 결합하지 않는다.
It cannot be combined with an adjective or a noun.
不能与形容词, 名词结合使用。
예 예쁠 걸 그랬어요. (×)

② 과거의 '-았/었-'이나 미래·추측의 '-겠-'과 결합하지 않는다.
It cannot be combined with the past tense suffix '-았/었-' or future/conjecture suffix '-겠-'.
不能与表示过去的'-았/었-'或者表示将来·推测的'-겠-'结合使用。
예 아침을 안 먹었더니 배가 고파요. 아침을 먹었을 걸 그랬어요. (×)
저녁을 먹겠을 걸 그랬어요. (×)

예문

- 한국어를 더 공부한 다음에 대학에 **갈 걸 그랬어요.**
- 고향에 돌아가기 전에 한국에서 여행을 많이 **할 걸 그랬어요.**
- 저는 읽기는 잘하는 편인데 말하기를 잘 못해요. 한국 사람과 많이 이야기해 **볼 걸 그랬어요.**
- 가: 이 옷들을 다 샀어요?
  나: 네, 예뻐 보여서 샀는데 용돈을 다 썼어요. **사지 말 걸 그랬어요.**
- 가: 토픽 성적 잘 나왔어?
  나: 아니, 생각보다 안 좋게 나왔어. 좀 더 열심히 **준비할 걸 그랬어요.**

문법 2 -(으)ㄹ 텐데

의미

앞 문장에서 말하는 사람이 추측하는 내용을 제시하고 뒤 문장에서 이와 관련된 질문이나 제안을 할 때 사용한다. 뒤 문장에 반대되는 내용이 나올 수도 있다.
This form should be preceded by the speaker's guess first, then followed by his/her question or suggestion. Often, the previous clause and the following clause are contrasting.
表示前一句提示说话人所推测的内容, 而后一句提出与此相关的提问或者建议。后一句中可以出现与前面相反的内容。

형태 및 용법

	현재	과거
동사	**(으)ㄹ 텐데** 공부할 텐데, 먹을 텐데	**았을/었을 텐데, 했을 텐데** 잤을 텐데, 공부했을 텐데
형용사	**(으)ㄹ 텐데** 클 텐데, 작을 텐데	**았을/었을 텐데** 아팠을 텐데, 적었을 텐데
명사	**일 텐데** 친구일 텐데, 학생일 텐데	**였을/이었을 텐데** 취미였을 텐데, 학생이었을 텐데

- 미래·추측의 '–겠–'과는 결합하지 않는다.
  It cannot be combined with the future/conjecture suffix '–겠–'.
  不能与表示将来·推测的'–겠–'结合使用。
  예 등산하느라고 다리가 좀 아프겠을 텐데 좀 쉬세요. (×)

예문

- 여행을 가면 부모님이 **걱정하실 텐데** 말씀 안 드려도 돼요?
- 아이가 다쳐서 많이 **아플 텐데** 울지 않아요.
- 내 친구는 유학 생활이 **힘들 텐데** 항상 밝게 생활해요.
- 가: 비는 안 오지만 하늘이 흐리네요.
  나: 저녁에 비가 **올 텐데** 우산을 가져가는 게 좋을 것 같아요.
- 가: 우리 놀이공원에 놀러 가요.
  나: 수진 씨도 지금 **한가할 텐데** 같이 가자고 할까요?

문법 3 –ㄴ다는/는다는 것이

의미

앞 문장의 행동을 하려고 했는데 실수로 뒤 문장의 행동을 했음을 나타낸다.
This form is used to express that the speaker intended to do what is described in the first clause but did what is described in the second clause instead, by mistake.
表示前一句中的行为是真目的, 但由于失误却做出后一句中所提示的行为。

형태 및 용법

	받침 ×, 'ㄹ' 받침	받침 ○
동사	ㄴ다는 것이 공부한다는 것이, 만든다는 것이	는다는 것이 먹는다는 것이

① 형용사나 명사와 결합하지 않는다.
It cannot be combined with an adjective or a noun.
不能与形容词或名词结合使用。

② 문장의 끝에 과거 시제만 결합한다.
It must be followed by a past tense sentence.
在句子的结尾部分只能使用过去时。

예문

- 가게에서 오백 원짜리를 **낸다는 것이** 백 원짜리를 냈다.
- 향수를 **뿌린다는 것이** 방향제를 뿌렸다.
- '안녕하세요'라고 **말한다는 것이** '안녕히 계세요'라고 말했다.
- 가: 이게 무슨 냄새예요?
  나: 제가 음식에 기름을 **넣는다는 것이** 식초를 넣었어요.
- 가: 교재를 안 가져왔어요?
  나: 네, 3급 교재를 **가져온다는 것이** 2급 교재를 가져왔어요.

문법 4 -았으면/었으면

의미

① 말하는 사람이 실제로 일어나지 않은 일에 대해 가정하면서 그에 대해 후회하거나 아쉬워할 때 사용한다.
This form is used when the speaker expresses his/her regret or feeling of loss while hypothesizing a desirable situation which has not actually happened.
用于说话人假设并未出现的事情而感到后悔或遗憾。

② 말하는 사람이 실제로 일어나지 않은 일에 대해 가정하면서 그에 대해 다행으로 생각할 때 사용한다.
It is also used when the speaker expresses his/her feeling of relief while hypothesizing an undesirable situation.

用于说话人假设并未出现的事情并对此感到庆幸。

형태 및 용법

	ㅏ, ㅗ + **았으면**	ㅓ, ㅜ, ㅣ… + **었으면**	하다 → **했으면**
동사	갔으면	먹었으면	청소했으면
형용사	작았으면	컸으면	피곤했으면
명사	**였으면/이었으면** 연휴였으면, 고등학생이었으면		

예문

① 후회나 아쉬움 Regret or feeling of loss 后悔或遗憾

- 주위를 잘 **살폈으면** 교통사고가 나지 않았을 텐데.
- 밤에 핸드폰을 안 **했으면** 잠을 잘 잤을 텐데 잠을 설쳐서 피곤해요.
- 가: 오늘 약속 없어요?

  나: 비가 와서 약속이 취소됐어요. 비가 안 **왔으면** 야구장에 갔을 텐데.

② 다행스러움 Being fortunate 庆幸

- 아침을 안 **먹었으면** 등산할 때 고생할 뻔했어요.
- 연휴가 **없었으면** 부모님을 모시고 여행을 다녀오지 못할 뻔했어요.
- 가: 찜질방에 와 보니까 어때요?

  나: 정말 신기해요. 안 **왔으면** 후회했을 것 같아요.

01과 학교생활 1

어휘·표현	의미
준비	
일정	
진로	
어휘	
표현	
어색하다	
다행이다	
개강일	
안내문	
행사	
준비물	
일시	
공지	
사항	
교통편	
대상	
제출	
필기하다	
참여하다	
물어보다	
의미	
적극적	

말하기 문법 1	의미
수면제	
운전 면허증	
따다	
혹시	
주위	

문법 2	의미
오래되다	
반팔	
긴팔	

대화 1	의미
노력하다	

대화 2	의미
정하다	
조건	
동해	
편안하다	

활동	의미
출석하다	

듣고 말하기	의미
통학	
승차장	
편의 시설	
칼국수	
기대되다	
근처	
물론	
작성하다	
현재	
사이	

읽고 말하기	의미
국적	
지각	
결석	
출석률	
알람	
모닝콜	
부탁하다	
생활하다	
다짐하다	
성실하다	
분위기	
첫인상	
상황	

문법 4	의미
하루	
일과	
취직	

02과 일상생활

어휘·표현	의미
일상생활	
헬스클럽	
머리를 하다	
파마하다	
염색하다	
다듬다	
드라이하다	
운동 기구	
접수대	
샤워실	
탈의실	
관계가 있다	
등록하다	
문의하다	
독특하다	
저렴하다	
이야기를 나누다	
수다를 떨다	
체험하다	

문법 2	의미
살이 빠지다	
아끼다	

대화 1	의미
헤어스타일	
바뀌다	
후회하다	

대화 2	의미
미용사	
단발머리	
연예인	
요청하다	

활동	의미
변하다	

듣고 말하기	의미
헬스	
둘러보다	
이용료	
사은품	

전체적

방송 댄스

맞추다

선착순

문의

모집하다

주민 센터

수강

요가복

증정

라켓

대여

가능

문법 3	의미

간단히

읽고 쓰기	의미

SNS
(Social Network Service)

너구리

특징

인테리어

장난을 치다

자기

키우다

데리다

외 ㉠ 이 외에도

앵무새

북 카페

바깥

한눈

보드게임

즐기다

지치다

문법 4	의미

엘리베이터

계획표

숙박

게스트 하우스

줄이다

03과 집

어휘·표현	의미
현관	
침실	
욕실	
서재	
신발장	
우산꽂이	
대접하다	
휴식	
취하다	
서랍장	
볼일	
변기	
세면대	
설거지	
싱크대	
가스레인지	
독서하다	
교통	
수돗물	
주변	
환경	
빛	예 빛이 밝다
들다	
방음	
과정	
옮기다	
보증금	
계약하다	
계약서	
계약금	
이삿짐	
짐을 풀다	

말하기 문법 1	의미
최근	

문법 2	의미
예전	
성적	

대화 1	의미

시끄럽다

대화 2	의미
불만족	
원룸	
집세	

활동	의미
전자 제품	
설치되다	

듣고 말하기	의미
차리다	
결혼	
두루마리	
일이 풀리다	
맞히다	
거품	
나다	
점	예 주의할 점
맨발	
실례	
근데	

방문하다

문법 3	의미
어버이날	
밸런타인데이	
졸업식	

읽고 말하기	의미
한옥	
후문	
구성하다	
대문	
사랑채	
안채	
정자	
사용 되다	
조선 시대	
양반	
주로	
자녀	
안방	
안쪽	

살림

키우다

흙 ㉎ 흙을 만지다

얻다

재료

마당

연못

멋 ㉎ 멋이 있다

여유

문법 4	의미

운영하다

한글

수도

04과 문제 해결

어휘·표현	의미

해결하다

이상이 있다

고장이 나다

수리하다

화면

전원

배터리

닳다

충전

설명서

설정

서비스 센터

구매하다

경비실

맡기다

말하기 문법 1	의미

도둑

잡히다

쫓다

안다

물다

귀

막다

들리다

잠그다

문법 2	의미
촛불	
꺼지다	
쏟다	
쏟아지다	
깨다	
찢다	

대화 1	의미
끊어지다	
끊기다	
상대방	
무선 인터넷(wifi)	
영상 통화	
충분히	
충전하다	

대화 2	의미
원인	
부품	
교체하다	

활동	의미
켜지다	
찍히다	
눌러지다	
스피커	

듣고 말하기	의미
등기	
배달되다	
본인	
우편물	
지역	
변경하다	
찾아가다	
붙이다	
안내서	
들어주다	
경	예 11시경
부재중	
시	예 방문 시
보관하다	

담당

뒷면

문법 3	의미

미성년자

성인

읽고 쓰기	의미

조회

확정

상품

표지

가능하다

잘못되다

고객 센터

양해

당장

처리하다

첨부하다

벨트

세트

들다

돌려보내다

연결

답변

문법 4	의미

서랍

꽃병

붙다

05과 여가

어휘·표현	의미

여가

여유롭다

지루하다

관람

관광

감상하다

관람하다

관광지

명소

스트레스가 풀리다

재충전

활기차다

캠핑장

국립 공원

해수욕장

해변

입장하다

대여하다

좌석

입장권

입장료

텐트

장비

흡연

취사

분리수거

대여료

체크인

체크아웃

주의 사항

인라인스케이트

반려동물

타인

피해

행동

소음

말하기 문법 1	의미

야경

진짜

붉은 광장

건축물

대화 1	의미

통인 시장

엽전

데 예 좋은 데

광장 시장

빈대떡

가운데

숲 예 서울 숲

숲길

대화 2	의미
서핑	

활동	의미
템플 스테이	
구경하다	
만화	
맛집	

듣고 말하기	의미
놀 거리	
인원수	
인원	
적당하다	
크기	
지붕	
바비큐	
구입하다	
캠핑	
테이블	
당	예 테이블당
상영	
도너츠	
초보자	
교육	
운영	
초급	
중급	
판매하다	
대여	
보드	

문법 3	의미
로비 (lobby)	

읽고 말하기	의미
야시장	
열리다	
탐방기	
한동안	
캐릭터	
도깨비	
옛날이야기	
놀이	

방망이

요술

부리다

잠깐

먹거리

푸드 트럭

청년

이것저것

배가 터지다

상인

시간이 가다

기념

패션쇼

평소

굉장히

잠들다

검색하다

문법 4	의미
속	예 사진 속의 호수

06과 건강

어휘·표현	의미
식습관	
수면	
골고루	
편식하다	
과식하다	
거르다	
챙기다	
숙면	
취하다	
설치다	
불면증	
꾸준히	
체중	
관리하다	
흡연하다	
금연하다	
과음하다	
규칙적	

불규칙적

그때그때

신체

부위

명칭

등 ㉮ 등이 아프다

무릎

어깨

손목

허리

턱 ㉮ 턱 운동

목 ㉮ 목을 돌리다

가슴

팔

자세

바르다

말하기 문법 1 **의미**

흘리다

건강식품

걸다

용기

기회

문법 2 **의미**

병문안

귀찮다

쓰레기통

모자라다

적당히

대화 1 **의미**

체력

약하다

효과

내다

시력

대화 2 **의미**

권유하다

인정하다

중간중간

스트레칭

고생하다

디스크

튼튼이

근육

부드럽다

혈액

순환

따라 하다

활동	의미
동작	
깍지를 끼다	
젖히다	
고개	
돌리다	
당기다	
양손	
회	예 스트레칭 동작 10회
반복하다	
오른손	
반대쪽	

듣고 말하기	의미
우울하다	
명상	
불안하다	
전환	
부정적	
화가 나다	
실천하다	
강연	
심리	
감정	
유지하다	
도움이 되다	
줄어들다	
긍정적	
들다	
숨을 쉬다	
행동	
실제로	
정신	

읽고 말하기	의미
상쾌하다	
인생	
대부분	
평범하다	
출근하다	
야근하다	
영양제	
만화가	
어울리다	
하루하루	
끼	ⓔ 식사 한 끼
즉석식품	
비교하다	
풀다	

문법 4	의미
학창 시절	
입맛	
그립다	

07과 날씨와 생활

어휘·표현	의미
각	ⓔ 각 계절
천둥	
번개	
치다	
소나기	
안개	
끼다	
사계절	
꽃샘추위	
황사	
피다	
무더위	
장마	
폭염	
태풍	
열대야	
나타나다	
차다	

들다	
잎	㉎ 잎이 떨어지다
낙엽	
한파	
폭설	
빙판길	
시작되다	
계속되다	
폭우	
습하다	
일교차	
건조하다	
일기 예보	
기온	
나타내다	
온도	
영상	
최고	
최저	
북부	

지방	
중부	
남부	
말하기 문법 1	**의미**
약도	
사고	
운전하다	
깨지다	
포장	
문법 2	**의미**
딸꾹질	
참다	
이해되다	
눈물	
없어지다	
대화 1	**의미**
조언하다	
미세 먼지	
농도	
마스크	

미끄러지다

더위

대화 2 | **의미**

가사

빙수

사실

활동 | **의미**

매년

초 ㊐ 10월 초

참가하다

모여들다

듣고 말하기 | **의미**

전국

봄기운

예상되다

곳곳

봄비

교통안전

유의하다

내내

기상

문법 3 | **의미**

줍다

경우

야외

무리하다

승무원

탑승객

안전벨트

입국

이어폰

헤드폰

읽고 말하기 | **의미**

꽃가루

안전 안내 문자
(긴급 재난 문자)

주의보

외출

자제

착용하다

먼지

훨씬

움직이다

영향

자제하다

기준

환경부

단계

나뉘다

기상청

초미세 먼지

발생

유의점

어플리케이션 (APP)

사용자

문법 4	의미
집값	
냉방병	
우승하다	

08과 부상·질병

어휘·표현	의미
부상	
질병	
당하다	
뼈	예 뼈가 부러지다
부러지다	
금	예 금이 가다
베이다	
까지다	
데다	
화상	
상처	
통증	
심하다	
물집	
가렵다	
치료	
소독	
체하다	

몸살

알레르기

두드러기

독감

식중독

장염

암 ㉮ 암에 걸리다

진찰

검사

엑스레이

깁스

붕대를 감다

입원하다

퇴원하다

눈병

빨개지다

말하기 문법 1 **의미**

떨어뜨리다

부딪치다

복숭아

문법 2 **의미**

충치

부르다

대화 1 **의미**

소독약

파랗다

얼음찜질

대화 2 **의미**

제안하다

진단

치료법

발목뼈

상태

활동 **의미**

처방

뜨겁다

갈비뼈

듣고 말하기 **의미**

현대인

소음

난청

질환

보도

이어폰을 끼다

별다르다

소리

높이다

정도

되묻다

줄이다

문법 3 **의미**

야식

읽고 쓰기 **의미**

조리

익히다

손질하다

위생

예방법

음식물

상하다

위험

신경을 쓰다

소홀하다

발생하다

세균

자라다

예방하다

필수적

안전하다

어패류

속 ㉮ 속까지 익히다

덜 ㉮ 덜 익힌 음식

복통

지키다

기본적

손안

약 ㉮ 세균 약 만 마리

없애다

기적

식재료

조리되다

식품

위염

자극적

일으키다

문법 4	의미

볼거리

먹거리

복습하다

아이돌

09과 학교생활 2

어휘·표현	의미
국어국문학	
광고홍보학	
경제학	
의상디자인학	
식품영양학	
건축학	
자동차공학	
교양	
예체능	
글쓰기	
접수	
면접시험	
개강	
강의실	
교재	
강의	
과제	
실험하다	
토론하다	
종강	

말하기 문법 1	의미
워크북	
풀다	
완전히	
결심하다	

문법 2	의미
요일	
교직원	
돈까스	
유행	
성별	
층	예 1층

대화 1	의미
당연히	

경영학	
사업	
미리미리	
디자이너	
건축가	

대화 2	의미
우선	
원서	
자세하다	
적히다	
조건	
예를 들다	

듣고 말하기	의미
밴드	
서예	
바둑	
연극	
사물놀이	
다도	
가입하다	
드럼	
대단하다	
교내	
정오	
회장님	
모시다	
맡다	
체육교육학	
모이다	
친목을 다지다	
관계	
기초	
들어오다	
시음	
들르다	
나가다	
연습실	
활짝	
곡	ⓔ 노래 한 곡

문법 3	의미
기차표	
멋지다	

읽고 말하기	의미
학업	
계획서	
자연스럽다	
가지다	
고민하다	
유학하다	
만약	
한국어능력시험	
공모전	
인턴	
지원하다	
자세히	
스스로	
성장하다	
홍보하다	
도전하다	

문법 4	의미
대통령	
미래	

10과 외모 · 성격

어휘 · 표현	의미
눈썹이 짙다	
눈썹이 옅다	
인상이 좋다	
마르다	
체격이 좋다	
날씬하다	
뚱뚱하다	
고집이 세다	
내성적이다	
무뚝뚝하다	
소심하다	
유머 감각이 있다	
사교적이다	
활발하다	

자상하다

솔직하다

간단하다

절대(로)

거절하다

말하기 문법 1	의미

데이트

표정

추측하다

문법 2	의미

룸메이트

대화 1	의미

축하하다

첫눈에 반하다

귀엽다

대화 2	의미

목적

계시다

활동	의미

곱슬머리

듣고 말하기	의미

혈액형

별자리

최선을 다하다

분명하다

마음이 편하다

표현하다

판단하다

양자리

염소자리

읽고 말하기	의미

(관용 표현)
발이 넓다

(관용 표현)
손이 크다/작다

(관용 표현)
눈이 높다/낮다

만족하다

(관용 표현)
귀가 얇다

(관용 표현)
입이 무겁다/가볍다

어휴

윗집

아랫집

넉넉하다

제발

정신을 차리다

어쩌고저쩌고

잔소리하다

비밀을 털어놓다

홈 쇼핑

소가죽

매진

믿다

문법 4	의미
발표문	

11과 한국

어휘·표현	의미
대표적	
음력	
차례	

성묘하다

세배

덕담

한가위

햇곡식

햇과일

보름달

소원

빌다

새해

복 ㉔ 복이 많은 사람

이루어지다

독립하다

세우다

날 ㉔ 기분 좋은 날

단군

땅 ㉔ 땅과 하늘

신정

삼일절

부처님

현충일

광복절

개천절

한글날

말하기 문법 1	의미

낯설다

설레다

문법 2	의미

놓치다

매운탕

대화 1	의미

참가하다

태극기

체험 예) 떡을 먹다

대화 2	의미

반달

떡

듣고 말하기	의미

상추

쌈을 싸다

쌈장

비비다

리포터

외국

분 예) 외국 분

감자탕

족발

인상적

신기하다

스웨덴

한식당

집다

맛 예) 매운 맛

섞이다

참기름

문법 3	의미

그때

과거

읽고 말하기	의미

PPT

인상

종종

모습

자연스럽다

치다

팔짱을 끼다

몸 예 몸이 건강하다

닮다

거리

호칭

이모

단골

갖다주다

다정하다

현대

사회

간직하다

완성하다

문법 4	의미
서운하다	

소형차

무게

12과 고민 상담

어휘·표현	의미
인간관계	
자신감	
몸매	
선택	
취업	
짜증이 나다	
말이 통하다	
오해가 생기다	
불만	
낭비하다	
서투르다	
문제가 생기다	
해결 방법	
속상하다	
오해를 풀다	

말하기 문법 1	의미
대답	
졸다	
걱정되다	

대화 1	의미
방해가 되다	

대화 2	의미
안부	

활동	의미
경제적	
허락하다	

듣고 말하기	의미
핸드폰	
사장님	
익숙하다	
다가가다	
조	
조별	
대학원	
모든	

문법 3	의미
전하다	

읽고 쓰기	의미
온라인	
점차	
발전하다	
줄다	
익명	
자랑	
한턱내다	
무조건	
색깔별	
욕심	
켤레	
벌	㊞ 옷 세 벌
다람쥐	
전문적	
패션 사업	
댓글	
장점	

심각하다

리모컨

콘서트

쳐다보다

13과 연애·결혼

어휘·표현	의미
연애	
첫눈에 반하다	
사랑에 빠지다	
고백하다	
거절당하다	
말이 통하다	
사귀다	
청혼하다	
올리다	
신혼여행	
신랑	
청첩장	
축의금	

하객

말하기 문법 1	의미
적응	

문법 2	의미
화해하다	
소설책	

대화 1	의미
짝	예 내 짝

대화 2	의미
초대	
응하다	

활동	의미
당신	

듣고 말하기	의미
걔	예 걔는 누구니?
가만히	
휴강	
과	예 우리 과
일부러	
데이트하다	

기억나다

젊은이

삶 예 한국에서의 삶

삶다

읽고 말하기	의미
도표	
안정되다	
직장	
기관	
적령기	
결혼관	
통계청	
직장인	
설문	
실시하다	
응답자	
답하다	
절반	
상관없다	
순 예 가, 나, 다 순으로 나타났다	
남녀	
평균	
초혼	
연령	
세 예 3~4세	
필수	
배 예 두 배	
평균적	

문법 4	의미
역사책	
청소년	

14과 언어와 생활

어휘·표현	의미
언어	
의사소통	
비언어	
몸짓	
고유어	
한자어	

외래어

의성어

멍멍

짝짝

꿀꿀

따르릉

의태어

빙글빙글

흔들흔들

깡충깡충

반짝반짝

반대말

유창하다

장래

희망

매콤하다

바꾸다

말하기 문법 1	의미

웃다

기운

문법 2	의미

서해

활동	의미

돌보다

듣고 말하기	의미

높임말

연세

부분

수고하다

경험하다

실수

숙이다

들려주다

사과하다

문법 3	의미

엄청

꽤 ㉮ 꽤 춥다

읽고 말하기	의미

내다

손바닥

흔들다

따라서

볼에 대다

이탈리아

좌우

살짝

스리랑카

이처럼

그렇다

손짓

동그라미

스페인

예의에 어긋나다

단락

올바르다

문법 4	의미
겉모습	
차이	
사막	

15과 사고

어휘·표현	의미
무시하다	
무단 횡단	
음주	
졸음운전	
좌우	
살피다	
안전띠를 매다	
승강기	
갇히다	
빠지다	
디디다	
정전	
장난치다	
부주의	
불장난	
화재	
대처하다	

신고하다

대피하다

구조

말하기 문법 1	의미

걸리다

연기되다

겨우

체육

문법 2	의미

USB
Universal Serial Bus

꽂히다

정신이 없다

실내화

임시

일정표

설명회

건강 검진

대화 1	의미

비상 버튼

다행히

구조대

구하다

하마터면

큰일 나다

바닷가

대화 2	의미

하긴

집중하다

될 수 있으면

활동	의미

억지로

돌아다니다

듣고 말하기	의미

무리하다

출입문

끼다

종착역

살펴보다

난리가 나다

역무원

끌어올리다

문법 3	의미

소방차

비키다

외출하다

읽고 말하기	의미

소방청

담배꽁초

가스

기계

방화

전체

한 ⓔ 부산시의 한 아파트

등산객

싸다

옮겨붙다

밝히다

산불

금지하다

담뱃불

확실히

당부하다

건 ⓔ 교통사고 한 건

대처법

화재경보기

층수

소화기

소화전

대피하다

연기

젖다

막다

찾아다니다

안전시설

비상구

문법 4	의미

장시간

지난밤

유리창

정전

타다

16과 실수 · 후회

어휘 · 표현	의미
깜박하다	
착각하다	
헷갈리다	
뒷모습	
밟다	
치다	
말실수	
빠트리다	
깨뜨리다	
당황하다	
아쉽다	
속상하다	
창피하다	
속옷	

말하기 문법 1	의미
소홀히	

대하다

귀국하다

찾아뵙다

문법 2	의미
충분하다	
정상	

대화 1	의미
진학	
미루다	
점수	

대화 2	의미
위로하다	
시험장	
꼼꼼하다	

활동	의미
동창	
동창회	
멀어지다	

듣고 말하기	의미
쫓아오다	

엊그제

웃음

낯설다

악수하다

싸움이 나다

사과하다

쳐다보다

발견하다

짜리

거스름돈

아무튼

문법 3	의미

애호박

동료

감자볶음

읽고 쓰기	의미

죽음

앞두다

공통적

경영하다

버킷 리스트
(bucket list)

소망

목록

대단하다

포함되다

장래

상영되다

널리

사용되다

병실

가난하다

평생

가정

정비사

사업가

실행하다

이루다

의미

기쁨

깨닫다

만족하다

뒤돌아보다

적다

글쓴이